JN070344

これだけっ！

安武内ひろし
（あぶこ）

listening

英語
Listening

リスニング

「音変18」
おとへん

ルールブック

水王舎

まえがき

本書を手に取ったあなたは、きっと英語リスニングが苦手で、全然聞き取れないことを日々痛感している人でしょう。リスニングを飛躍的に向上させたいという夢を抱きながらも、有効な方法が見つからず思い悩んでいる人だと思います。

英語リスニングの助言は誰に仰ぐべきか

昔、高校の英語の先生にリスニングの学習法を尋ねに行った人もいると思います。おそらく言われた言葉は「音声を毎日聞け、どんどん聞け、そうすれば知らないうちにリスニング力は高まるぞ」みたいな言葉だったのではありませんか。でも、毎日英語を聞いても、だからと言って実力が伸びるわけでもないのが英語リスニングの難しいところです。誰か的確で有効な答えを教えてくれる人はいないのでしょうか？

英米人には、英語リスニングの上達法は教えられない

ネイティヴスピーカーの英米人（英会話学校の先生とか身の回りの知人とかネイティヴの YouTuber とか）に意見を求めようとする人がいます。餅は餅屋、英語は英米人。しかし、そこはよく考えなければいけません。「英語はどのようにしたら聞き取れるようになりますか？」と英米人に質問して、役に立つ答えが返ってくると思いますか？

英米人は生まれたときから英語に溢れた環境の中で育って、本人も知らないうちに英語を母国語として身につけてし

まった人たちです。無意識に、本能的に英語が身についてしまった人に向かって、「どのように…？」と尋ねたところで、「実は、自分でも知らないうちに、聞けてしゃべれるようになっていたのです」「自然に身についていたのです」という答えしか返ってこないでしょう。

私たちの立場で、逆の場面を考えてみればよくわかります。例えば、「古書」「胡椒」「交渉」「高所」「（じゃあ）こうしよう」の5つの日本語は微妙に音がちがうので、日本人の耳には聞きわけは簡単ですが、外国人にとっては至難の業です。同様に「古城」「工場」「向上」「控除」なども微妙に音がちがいますが、これも大多数の外国人には聞き分け、発音とも不可能に近いです。「これらはどうやって聞き分けているのですか？」とあなたが今もし外国人から尋ねられたとしたら、何と答えますか？「えっ、だってそんなの簡単じゃん、自然にわかるよ」と言うでしょう。そこが実はネイティヴ・スピーカーの限界であり、弱点なのです。音の聞き取りに関しての質問は、大多数のネイティヴ・スピーカーは論理立って答えられません。ですから英語リスニングの場合、英米人に聞いても無駄だということになります。

じゃ、誰に聞いたらいいのでしょうか？

日本人も
日本語のリスニングの
上達法は外国人に
教えられない

「恥多き帰国中年」の日本人に聞きなさい

　実は、どういうふうに英語リスニング力を高めるかという質問に的確に答えられる人がいます。それは、苦労して、英語リスニングとスピーキング力を身につけた日本人です。そういう英語苦労人は、スタート地点があなたと同じだったわけですから、あなたにとって一番役に立つ助言をしてくれます。英語苦労人は、「日本で生まれ育ち、大人になってから4〜5年以上英米で生活して、現地で生きた英語を習得しようと、失敗を重ね、恥を重ねながらも日夜苦労を重ねた日本人」です。帰国子女ならぬ「帰国中年」です。帰国中年の日本人こそがあなたの最高の先生であり、その助言をしっかり聞いてそのやり方をそっくりまねをする、というのが一番の近道です。帰国中年＝「日本人の現地英語苦労人」は、あなたの知らない英語リスニングのコツ・秘訣を知っています。知っているからこそ、日々英米人に囲まれながら現地で生き延びられたのです。そのコツ・秘訣の一端が詰まっているのが本書です。

本書の使い方

　本書の目的は『音変18』（英語音の変化ルール18）の理解と習得です。その目的のためにあなたの耳をトレイニングをする作りになっています。

　本編では『音変18』の音変化ルールを1つずつ、頭で理解し、耳で聞き取り、口に出して反復し、体で納得していきます。形式は「書き込み式」ですから、音声を聞いて、書き取るというDictationの作業です。何度でも同じ英語のフレイズをスマホなどでかけて、耳を澄ましてよく聞きます。とは言っても、聞き取れないものは百万回かけても聞き取れないので、その時は、ある程度で降参して、解説を読み、なるほどと納得してください。そのあと何度も繰り返して聞いて納得して発音練習します。**この「発音の反復作業」を外すとリスニングが上達しません。**リスニングと発声（音読）とは一体です。分けてはいけません。リスニングを向上させたかったら、発声に努める、正しく音読する、シャドウイングする。それが正しい方法です。不思議なことに自分で発音できるようになるとその語句を聞き取れるようになっていきます。

まとめると以下の手順です：

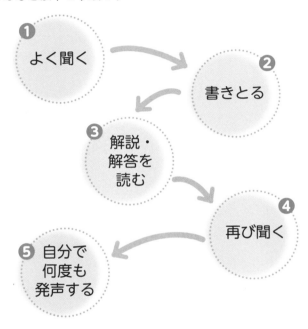

❶ よく聞く

❷ 書きとる

❸ 解説・解答を読む

❹ 再び聞く

❺ 自分で何度も発声する

＊音声データは下記の URL または QR コードに
アクセスして聞くことができます。

URL
https://ship.suiohsha.net/category/reference/senior_high/SH10162/

🎧 マークの箇所に音声データがあります。

CONTENTS

2 ｜ まえがき

5 ｜ 本書の使い方

8 ｜ 序章

本編：英語の音変化ルール18：『音変18』を習得する

10 ｜ 01 子母密着ルール

17 ｜ 02 ラ変ルール

25 ｜ 03 エルがオ変ルール

30 ｜ 04 ロ変ルール

35 ｜ 05 ナ変ルール

41 ｜ 06 ユ変ルール

48 ｜ 07 呑み込みルール

57 ｜ 08 吸い込みルール

65 ｜ 09 h の脱落ルール

71 ｜ 10 助動詞＋完了形での h の脱落ルール

78 ｜ 11 th の脱落ルール

81 ｜ 12 and の短縮ルール

85 ｜ 13 助動詞の短縮ルール

94 ｜ 14 ワナのルール

99 ｜ 15 ゴウナのルール

103 ｜ 16 ナッガナのルール

106 ｜ 17 ガラのルール

110 ｜ 18 カオナシのア /ə/ のルール

119 ｜ あとがき

127 ｜ おわりに

序　章

あなたは以下の事象に気付いたことはありますか？

●日本のスーパーで売られているプリンは、海外のものとだいぶ味や舌触りがちがいますが、そのプリンの綴りを見ると pudding と書いてあります。綴りのまま読むと「プディング」のはずです。なぜ？

●（乗物から）「降ります」は I'll get off. ですが「揚げ豆腐」に聞こえると、ある本に書いてありました。ほんとにそう聞こえます。なぜ？

● water が「ウオーター」ではなくて「藁（ワラ）」に聞こえるというのもよく耳にします。なぜ？

●「かわい子ちゃん」はキュート (cute) な女の子ですから cutie と呼ばれたりしますが、音を聞くと「キューティー」ではなくて「きゅうり」に聞こえます。なぜ？

実は、これら4つのことがらはすべて同一の「英語の音変化ルール」から来ています。本書で詳しく展開している『ラ変ルール』です。本書では2番目に解説してあります。子音が2つの母音にはさまれると（厳密に言うと後ろの母音は弱母音ですが）、その箇所が日本語のラ行の響きになるというルールです。これを知らないと、単語レベルでも聞き取りは困難になります。

もうひとつ別の例を考えてみましょう。「その女性が手紙を書くのを許す」は <u>let her</u> write a <u>letter</u> と言えますが、2箇所の下線部の発音はまったく同じになります。意外ですね。これも「音変18」を知れば納得です (/h/ の脱落ルール・子母密着ルール・ラ変が合わさった変化です)。同様に let us と lettuce（野菜のレタス）も完全に同じ音になります。

8

このような英語の音変化ルールは、「99％の日本人が体系だって習ったことのない未知の概念」ですが、英語を正しく聞き取るためには必須のものです。必ず覚えておかなければならない最重要のものです。その習得が本書で出来ます！

この本では、約18ある、重要な「英語の音変化ルール」を「音変18」（おとへんじゅうはち）と呼びます。この「音変18」が身につくと、今までの英語とはまるでちがって英語が聞こえるようになります。この効果は信じられないくらい素晴らしいものですが、その感動は言葉ではうまく説明できません。あなたがじかに体験してください。そしてその信じられない効果を実感してください。

今まで誰もあなたに教えてくれなかった英語の音変化の世界を、これから1つ1つ解明していきます。それでは始めましょう。

子母密着ルール

ある単語の語尾が子音で終わって、
次の語の語頭が母音で始まるとき、
その〈子音＋母音〉は、必ずつながって
発音され、切って発音はしない。

＊音声の聞き方については、「本書の使い方」（6ページ）を参照してください。

　この『子母密着ルール』こそが英語音声の最も基本の大ルールです。

　日本語では50音の1つ1つを別個に、区切って発音することになっています。そういうしゃべり方が「はきはきしている」「滑舌がいい」「聞き取りやすい」と言われ、ほめられます。逆に、1つ1つの音の切れ目がはっきりしない人は、「もごもごしている」「聞き取りにくい」と言われます。

　ところが英語では、隣り合う音がくっついてつながっていきます。つなげてもいい音（子音＋母音）は、みんなつながります。英語リスニング上達の最大のヒントがここにあります。

　読者の皆さんが受けた中学・高校の英語の授業では、先生も生徒も、無意識に英語をまるで日本語のように区切って読んでしまっていたのではありませんか？英文は単語と単語の間にスペースが1文字分あいているので、あなたもそこでちょっと休んで1呼吸置くはずだと思ってしまったでしょう。しかし英語では音はつながります。単語と単語をまたいで音はつながっていきます。ある単語の末尾が子音で終わって、次の単語の先頭が母音のときには音は必ずつながります。それが『子母密着』です。英語では、つながるべき語を1語1語切り離して発音することはしません。中学、高校の授業で、生徒も先生も1語1語切り離して発音しているのが日本の見慣れた教室風景だとすれば、それはまちがっています。つなげて発音するのが正しいのです。

例題 音声を何度も聞いて、空欄に1語ずつ書き込みなさい。

1 Mary (　　　　) (　　　　) (　　　　) Eric (　　　)
(　　　　) (　　　　).

2 Ken (　　　　　) (　　　　　) (　　　) (　　　)
bench(　　　) (　　　　　).

🎧

（解　説）

1 では、子母密着により、hung ＋ up ＋ on ＋ Ed と、an ＋ hour ＋ ago のところが全部ひとつながりになって、まるで1語のように一気に発音されています。

2 では、sleeps ＋ on ＋ a の所で、〈語尾の子音＋語頭の母音〉がつながっています。Ken ＋ always と bench ＋ at は速く読まれた場合につながります。

　書きことばであれば、知らない単語であっても「ここからここまでが1つの単語だ」と認識できるのですが、話しことばでは、単語同士の音がつながるので、どこからどこまでが1単語なのかは耳を訓練しないと認識できません！これこそが、誰も指摘しませんが、英語リスニングにおける最大の難所なのです。

解答

1 Mary (**hung**) (**up**) (**on**) Eric (**an**) (**hour**) (**ago**).
2 Ken (**always**) (**sleeps**) (**on**) (**a**) bench (**at**)
(**night**).

（日本語訳）

1 1時間前、メアリーはエリックとの通話をガシャンと切った。
2 ケンは夜、いつもベンチで寝ている。

11

発音練習をします。

手順① 上の解答を見ながら、音声に合わせて大声で発音します。

手順② 慣れてきたら、解答を見ずに、音声に合わせて発音します。

練習問題 ① 音声が２回ずつ読まれますから、空欄に１語ずつ書き込みなさい。その後、答え合わせが終わったら、さらに トレイニングの要領で、音声に合わせて何度も大声で発音練習します。

1 conduct (　　　　　) (　　　　　　　　　)

2 slice (　　　　　) (　　　　　) (　　　　　　)

3 give (　　　　　) (　　　　　) (　　　　)

4 (　　　　　) (　　　　　) (　　　　　) essay

解説

1〜**4**まで、それぞれの語がすべてつながってしまって１語のような響きになっています。１つの単語の末尾が子音（＝日本語のあ行以外の行の、各音の先頭部分）で終わり、次の単語の先頭が母音（あいうえお）の時に、それらは必ず１語のように音がつながるというのが『子母密着』ルールということです。

解答

1 conduct (an) (orchestra)

2 slice (up) (an) (onion)

3 give (up) (on) (it)

4 (hand) (in) (an) essay

(日本語訳)

■1 オーケストラを指揮する　　■2 玉ねぎ１個を切る

■3 それをあきらめる　　■4 小論文を提出する

練習問題 ② 【動詞＋目的語の子母密着】　音声を聞いて、英語（8つの命令文）をそのまま書き取りなさい。何度聞いてもかまいません。ポーズボタン (pause) で一時停止してもかまいません。その後、答え合わせが終わったら音声に合わせて何度も大声で発音練習します。

■1 (　　　　　　　　) (　　　　　　) (　　　　　　　　).

■2 (　　　　　　) (　　　　　) (　　　　　　　　　　).

■3 (　　　　　　　) (　　　　　) (　　　　　　　)
(　　　　　).

■4 (　　　　　　) (　　　　　) (　　　　　)
(　　　　　).

■5 (　　　　) (　　　　　) (　　　　　) (　　　　　　　).

■6 (　　　　　　　　) (　　　　　　　) (　　　　　)
(　　　) (　　　　　　　).

■7 (　　　　　　) (　　　　) (　　　　　),(　　　　)
(　　　　　) (　　　　　).

■8 (　　　　　) (　　　　　) (　　　　　　)
(　　　　　) (　　　　　).

　英語リスニングにおいて最重要なルールである『子母密着』がよく起こるのは〈動詞＋目的語〉のところです。動詞末尾が子音で、次の目的語の語頭が母音だと必ず子母密着します。そして動詞末尾が子音の場合は非常に多いです。

解答

1 (Check) (it) (out).

2 (Ask) (an) (operator).

3 (Write) (in) (black) (ink).

4 (Pick) (up) (an) (orange).

5 (Sit) (on) (a) (chair).

6 (Express) (that) (in) (a) (word).

7 (Find) (a) (big), (old) (oak) (tree).

8 (Tell) (her) (all) (about) (it).

日本語訳

1 確認しろ。

2 電話交換手に聞きなさい。

3 黒字で書きなさい。

4 オレンジを1個取りなさい。

5 椅子に座って。

6 それを1語で表現してね。

7 大きな古い樫の木を1本見つけなさい。

8 彼女にそれを全部ぶっちゃけなさいよ。

実力
問題

次の会話で、女性の発言に対して男性の受け答えとして最も適切なものを1つ選びなさい。2回、女性の発言だけ流れます。

(男性の受け答え)

1 Sure, no problem.

2 Good idea to go out.

3 No, we can't walk outdoors.

解説

　一般の会話でもそうですが、2〜4行くらいの短いリスニング問題でも、冒頭の部分で何を言っているのかがわかれば、80％くらいの確率で内容が把握でき、正解に至ります。逆に冒頭部分が聞き取れないと、正解に至るのはとてもむずかしくなります。ここで女性が言っているのは「私たちはうまくやっていけるかなあ？（Do you think we can work it out?）」です。仕事かもしれませんし、2人の人間関係のことかもしれませんが、「うまくやれるかどうか」を尋ねています。work it out は「うまくやる」という意味の熟語で、この3語が子母密着しています。

　英語の単語は連結車両のように音が次々につながって、どこからどこまでが1語か、わからなくなるという特徴があります。それはとても厄介なことですが、『子母密着ルール』に慣れた暁には、「つながっている各単語が、頭の中では切れて聞こえる」という達人の領域になります。頑張ってくださいね。

解答

女性： Do you think we can work it out?

男性： **1** Sure, no problem.

　　　 2 Good idea to go out.

　　　 3 No, we can't walk outdoors.

（日本語訳）

女性：私たちうまくやって行けるかなあ

男性：1️⃣ もちろん、大丈夫だよ。

2️⃣ 外出するのは良いね。 = It's a good idea to go out.

3️⃣ いいや、戸外を散歩するのはダメだよ。

ラ変ルール

子音 t（または d）が、

両側を母音で挟まれるとき、つまり

母音　＋　<u>t または d</u>　＋（弱）母音

の順に並ぶ時には、下線部は日本語の

ラ行の音の響きになる。

＊音声の聞き方については、「本書の使い方」（6 ページ）を参照してください。

　water がアメリカ英語では「ウオーター」という音ではなく、「藁（ワラ）」に聞こえるというのは、今やほとんどの日本人が知っている事実です。これを water だけに固有の事実と受け取るのか、それとも一般的な音ルールととらえるのかで、あなたの英語リスニング力は変わってきます。

　私が高校生の時に習った英語の先生で better のときだけ、この『ラ変』になる先生がいました。その先生は私の担任で、優しくてとても良い人でしたが、better 以外の場合は、例えば spider とか meter などは「スパイダー」「ミーター」と発音していました。better だけに固有の音変化だと思っていたのかもしれません。

　子音が 2 つの母音にはさまれると、その箇所が日本語のラ行の響きになるというのがこの『ラ変』です（厳密に言うと後ろの母音は弱母音）。英語で書かれた説明では、/t/ の音が軽い /d/ に変わると書いてあるものが多いですが、その変化した音は日本人の耳には「ダ行 /d/」ではなくて「ラ行」として入ってくるので『ラ変』と名付けました。古文の「ら変」とは全く関係ありません。私（あぶないひろし）が識別のために付けた名前です。だって、名前がないと説明するのに不便ですから。

例題 音声を何度も聞いて、空欄に1語ずつ書き込みなさい。その後、答え合わせが終わったら、音声に合わせて何度も大声で発音練習します。

1 (　　　　　　　　　　　　　)

2 (　　　　　　) (　　　　　　　　) (　　　　　　　　　)

3 (　　　　　　) (　　　　　　　　) (　　　　　　　　)

解説

　あなたが英語のリスニングで上達する秘訣は、今まで自分が学校や社会から吸収してきた自分なりの英語発音を、現実に英米人が発音する音と比較して、そのちがいをチェックして、できるだけ英米人のネイティヴ音に近づけるように意識的に努力をする、ということに尽きると思います。

　1 の waiter は「ウェーター」ではなく「ウェイラー」の方が原音に近いです。なぜ「ウェイラー」と聞こえるのでしょうか？

　①まず、英語には「エが伸びた音」が存在しません！なので、「エー」の代わりに「エイ」になってしまいます。例えば5月1日の労働者の祝日「メーデー」は英語の発音では「メイデイ」(May Day) です。

　②後半の「ター」→「ラー」の変化は『ラ変』です。

　2 では、語をまたいで、wait と a とがくっつき、そこで『ラ変』が生じていますから wait a は「ウェイラ」に聞こえます。『ラ変』は単語の内部だけで生じるとは限りません。

　3 not at all は、2つの t のところで2回『ラ変』が出てきます。その結果「ナラロール」に聞こえます。「ノット・アット・オール」ではありません。聞こえたとおりにおうむ返しに覚えていってください。

解答

1 waiter

2 wait a minute

3 not at all

練習問題 ①

音声を何度も聞いて、空欄に1語ずつ書き込みなさい。その後、答え合わせが終わったら、音声に合わせて何度も大声で発音練習します。

1 my (　　　　　　　　　)

2 a fresh (　　　　　　　)

3 a difficult (　　　　　　　)

4 a (　　　　　　) trap

5 (　　　　　　　　) off

6 (　　　　　　　) is

7 (　　　　　　　　　) here

8 eighty (　　　　　　　)

9 a (　　　　　　　　　　)

10 (　　　　　　　) games

解答

1 my (daughter)

2 a fresh (lettuce)

3 a difficult (matter)

4 a (radar) trap

5 (hit it) off

6 (what it) is

7 (get out of) here

8 eighty (kilometers)

9 a (portable heater)

10 (video) games

日本語訳

1 私の娘
2 新鮮なレタス
3 危険な事案
4 スピード違反車摘発装置
5 打ち解ける
6 それが何であるか
7 ここから出ていく
8 80 km
9 持ち運べる暖房器
10 テレビゲーム

練習問題② 音声を何度も聞いて、空欄に１語ずつ書き込みなさい。その後、答え合わせが終わったら、音声に合わせて何度も大声で発音練習します。

1 ( ), ( ) ( ) some ( ) ( ).

2 ( ) ( ) ( ) the ( ) board, and ( ) ( ) ( ).

3 The ( ) ( ) ( ) the ( ).

解 説

1 Peter の t の両側には母音があるので『ラ変』で「ピーター」→「ピーラー」。later も同様に「レイター」→「レイラー」。his、him、her など h で始まる代名詞は h が脱落します（⑨ h の脱落）。その結果 get her は、get er になり『子母密着』でつながり (get-er)、さらに『ラ変』で「ゲット・ハー」→「ゲラー」。

2 の先頭の Put it on は、『子母密着』でつながり、さらに２つの t のところが『ラ変』で「プット・イット・オン」→「プリロン」か「プレラン」。同様に、cut it up も「カット・イット・アップ」→「カリラ」か「クリラッ」。聞こえたとおりに発音すること、つまり音をそっくりまねることが大切です。

3 は alligator（ワニ）の -gator が『ラ変』で、「アラゲイター」→「アラゲイラー」。文尾の単語 ladder（はしご）も同様に「ラダー」→「ララー」に近い音に変化。

解答

1 (Peter), (get) (her) some (water) (later).

2 (Put) (it) (on) the (cutting) board, and (cut) (it) (up).

3 The (alligator) (fell) (off) the (ladder).

1 彼女にあとで水をあげてね、ピーター。

2 それをまな板の上に置き、切ってください。

3 そのワニは、はしごから転落した。

練習問題 ③ 音声を何度も聞いて、空欄に1語ずつ書き込みなさい。その後、答え合わせが終わったら、音声に合わせて何度も大声で発音練習します。

1 (　　　　　　) (　　　　　　) (　　　　　　)

2 (　　　　　　) (　　　　　　) (　　　　　　)

3 (　　　　　　) (　　　　　　) (　　　　　　)

4 (　　　　　　) (　　　　　　) (　　　　　　)

5 (　　　　　　) (　　　　　　) (　　　　　　)

6 (　　　　　　) (　　　　　　) (　　　　　　)

7 (　　　　　　) (　　　　　　) (　　　　　　)

8 (　　　　　　) (　　　　　　) (　　　　　　)

9 (　　　　　　) (　　　　　　) (　　　　　　)

10 (　　　　　　) (　　　　　　) (　　　　　　)

11 (　　　　　　) (　　　　　　) (　　　　　　)

12 (　　　　　　) (　　　　　　) (　　　　　　)

解説

　「ラ変」ルールが一番頻繁に起こるのは、＜動詞＋名詞（＋副詞）＞のパターンのときです。特に名詞が、代名詞の it の場合です。

　一例を挙げると、英語では「そんなことはやめておけ！」と言いたいときに、Cut it out! と言いますが、この cut it out が、動詞 (cut) ＋名詞 (it) ＋副詞 (out) のパターンになっています。発音は、cut it out の 3 つの t のうち、初めの 2 つの t が両側に母音を携えていますから『ラ変』になって、「カット・イット・アウト」→「カリラウ」とか「クレラウッ」の響きになります。

解答

（読み上げた英語）

1 give it up　　　　**2** check it out

3 turn it off　　　　**4** bring it in

5 talk it over　　　　**6** turn it around

7 pick it up　　　　**8** read it aloud

9 send it in　　　　**10** set it aside

11 turn it off　　　　**12** put it away

実力問題　　次の会話で、女性の発言に対して男性の受け答えとして最も適切なものを 1 つ選びなさい。2 回、女性の発言だけ流れます。

（男性の受け答え）

1 Yes, that's too bad.

2 No, it's not Bali.

3 Yes, it is.

■1 bad と■2 Bali は、battery がうまく聞きとれないと引っかかってしまうかもしれない選択肢です。Is this the newest type of battery?「これは最新の電池ですか」と女性は尋ねていました。battery は「バッテリー」、つまり「電池」ですが、日本語化した英語（バッテリー）と原音（battery）とでは、かなり音がちがいます。battery は『ラ変』によって「バラリー」のように聞こえます。

type + of は『子母密着』して、「タイ<u>パ</u>ヴ」になっています。

解答

女性：Is this the newest type of battery?
男性：■1 Yes, that's too bad.
　　　■2 No, it's not Bali.
　　　■3 Yes, it is.

日本語訳

女性：これは最新の電池ですか？
男性：■1 はい、それは残念ですね。
　　　■2 いいえ、バリ島ではありません。
　　　■3 はい、そうです。

エルがオ変 （語尾の1がオーに変わるルール）

エルがオ変ルール

単語の語尾が、子音＋l（ル）で終わるとき、

その子音l（ル）の響きは、

日本語の母音「オー」にきわめて近くなる。

＊音声の聞き方については、「本書の使い方」（6ページ）を参照してください。

　高校の英語の授業でも、今では people は「ピープル」ではなくて「ピーポー」と正しく発音している人が多いようですが、couple は依然「カップル」と発音してしまう人が多いようですね。どちらも同じ『エルがオ変』ですから、people が「ピーポー」なら couple も「カッポー」になるはずです。

　同様に scramble も『エルがオ変』によって「スクランボー」という音になるのですが、依然「スクランブル」と発音してしまっている人が多いようです。

　語尾が「子音＋ル」になる単語自体が多いので、この『エルがオ変ルール』を習得すれば、かなり聞き取りが楽になります。しかもぜんぜん複雑なルールではありません。

例題　音声を何度も聞いて、空欄に1語ずつ書き込みなさい。その後、答え合わせが終わったら、音声に合わせて何度も大声で発音練習します。

1 (　　　　　　) (　　　　　　　　) (　　　　　　　　　)

2 (　　　　　　　　　) (　　　　　　)

3 (　　　　　　) (　　　　　　)

4 (　　　　　　　) (　　　　　)

5 (　　　　　) (　　　　　　)

■ channel（海峡）は語尾の音が子音＋l です。文字に騙されないように。―nel の e のところは音がありません。発音的には―nl です。ですから『エルがオ変』で「チャナル」→「チャノー」になります。

tunnel（トンネル）も同様に「タナル」→「タノー」です。―nel の e には音がありません。

■ beautiful は、語尾の音が「子音 f ＋ l」なので『エルがオ変』で「ビューティフル」→「ビューティフォー」→「ビューリフォー」（＋②ラ変）になります。angels も語尾の音が「子音 g ＋ l」ですから、「エインジョーズ」のような音になります。綴り字に母音の文字（u とか e とか a とか）があっても、必ずしもそこに音があるとは限りません。これは気をつけたいことです。

解答

■ the Channel Tunnel
■ beautiful angels
■ awful jungles
■ normal rifles
■ fragile buckles

日本語訳

■ 英仏海峡トンネル
■ 美しい天使
■ 恐ろしい密林
■ 普通のライフル銃
■ 壊れやすい留め金

練習問題 ①

音声を何度も聞いて、空欄に 1 語ずつ書き込みなさい。その後、答え合わせが終わったら、音声に合わせて何度も大声で発音練習します。

1 (　　　　　) (　　　) !

2 (　　) (　　　　　　) (　　　　　) were

tied to the legs of the (　　　) (　　　　).

3 China has to (　　　　) the (　　　　)

economy.

解　説

1「シートベルトを締めなさい」という意味ですが、buckle は「バックル」ではなくて、「バコー」、それに up が付き、-le と u- のところが『子母密着』して「バコーラップ」の発音になります。日本語の「バカ野郎」とも多少似た響きだと「序章」でも書きました。Fasten your seat belt. という表現もあります。

2「おじさん」と「足首」は、カタカナ日本語ではどちらも「アンクル」でしょうが、『エルがオ変』によって語尾はどちらも「クル」ではなくて、「コー」になりますから、もっと正確に日本語で表記すれば「アンコー」になります。ただし、uncle と ankle とでは、最初の母音がちがう音です。uncle の方はいわゆる「ゲップのア /ʌ/」、一方、ankle の方は「カエルのア /æ/」です。英語では「ア」の音は 4 種類あります。日本語では 1 種類ですが。

oval「楕円の」は「オウヴァル」ではなくて「オウヴォー」です。

table も「テーブル」ではなく「テイボー」です。

3バブル（泡）は日本語で「バブル・バス（bubble bath）」・「バブル経済」のように認知されていますが、bubble は『エルがオ変』で「バボー」になります。

「タックルする」（取り組む）も日本語になっていますが、tackle は「タッコー」です。

解答

1 (Buckle) (up)!

2 (My) (uncle's) (ankles) were tied to the legs of the (oval) (table).

3 China has to (tackle) the (bubble) economy.

日本語訳

1 シートベルトを締めなさい。

2 叔父の両足首は、楕円のテーブルの脚につながれていた。

3 中国はバブル経済に取り組まねばならない。

実力問題 次の会話で、男性の発言に対して女性の受け答えとして最も適切なものを１つ選びなさい。２回、男性の発言だけ流れます。

（女性の受け答え）

1 Yes, I had miso ramen for lunch.

2 Actually, two missiles.

3 No, they didn't have lunch.

解説

「ランチ」と「ミソ（味噌）」が聞こえたので、お昼ごはんの話をしているな、と考えた人は、状況をまるで誤認しています。これを聞かせたときに「お昼ご飯は、また味噌カツ定食だった」と、とんでもない誤解をした生徒が実際にいました。

lunch（ランチ：昼食）の母音は「ゲップのア /ʌ/」です。

launch（発射する）の母音は、アメリカ発音ではラーンチ、つまり「長いあくび

のアー /ɑː/」で、イギリス発音ではローンチ、つまり「長いあくびのオー /ɔː/」です。口の形はほぼ同じですが音の響きが微妙に違います。

　そして「ミソ」です。実は missile です。男性は Did they launch a missile again?「あいつら、またミサイル1発発射したのか？」と言ったのです。日本語では「ミサイル」と呼ばれていますが、アメリカ音では「ミソ」と聞こえます。『エルがオ変』で「ミッサル」→「ミッソー」に変わったからです。

解答

男性：Did they launch a missile again?

女性：**1** Yes, I had miso ramen for lunch.

　　　2 Actually, two missiles.

　　　3 No, they didn't have lunch.

日本語訳

男性：あいつら、またミサイル1発発射したのかい？

女性：**1** はい、昼食は味噌ラーメンでした。

　　　2 実はミサイルは2発でした。

　　　3 いえ、あの人たちは昼食は食べませんでした。

ロ変（語尾がローに聞こえる）

ロ変ルール

母音＋ **t** ＋ **l**、または母音＋ **d** ＋ **l** で、下線部がローになるのでロ変と呼ぶ。

語尾に、「母音＋ **t** ＋ **l**」の順で音が並ぶと、まず語尾の l（ル）が母音の「オー」に限りなく近くなる（＝エルがオ変）。その次に、母音と、母音化した l（オー）とに挟まれた t の部分（上の下線）が日本語のラ行の音に変化する（＝ラ変）。その結果、上の下線部は「ロー」の響きになる。簡単に言えば、「エルがオ変＋ラ変」のハイブリッドということ。

母音＋ **t** ＋ **l** の代わりに、母音＋ **d** ＋ **l** でも同様の変化が起こる。

＊音声の聞き方については、「本書の使い方」（6ページ）を参照してください。

　何かむずかしそうな音ルールに見えますが、実は簡単なルールです。語尾が「ロー」に変化するだけです。耳をすませてよく英語を聞けば、capital（キャピロー）とか total（トウロー）とか bottle（バロー）とか noodle（ヌーロー）とか idol（アイロー）など、いくらでも聞こえてきます。

例題 音声を何度も聞いて、空欄に１語ずつ書き込みなさい。その後、答え合わせが終わったら、音声に合わせて何度も大声で発音練習します。

1 ( ) and ( )

2 a ( ) number of ( )

3 a ( ) ( ) ( )

(解　説)

1 bottle（瓶）は「バトル」は、まず『エルがオ変』で「バトー」に音が変化、さらに『ラ変』で「バロー」に変化します。kettle（やかん）も「ケトル」→「ケトー」（エルがオ変）→「ケロー」（ロ変）に変化します。

2 total（合計の）は「トウタル」→「トウトー」（エルがオ変）→「トウロー」（ロ変）になります。

candle（ろうそく）も「キャンドル」→「キャンドー」（エルがオ変）→「キャンロー」（ロ変）。場合によっては「キャノー」（ナ変―p.35）になることもあります。

3 麺（noodles）も「ヌードルズ」→「ヌードーズ」（エルがオ変）→「ヌーローズ」（ロ変）になります。

解答

1 (bottles) and (kettles)

2 a (total) number of (candles)

3 a (cup) (of) (noodles)

音声を何度も聞いて、空欄に 1 語ずつ書き込みなさい。その後、答え合わせが終わったら、音声に合わせて何度も大声で発音練習します

❶ The (　　　　　　　　) (　　　　　　　　　　) in
the (　　　　　　　) of the (　　　　　　　).

❷ Sandra (　　　　) (　　　　　　　) on the sand. 🎧

(解　説)

❶ beetle（虫）は、「ビートル」→「ビートー」→「ビーロー」
battle（戦う）は、「バトル」→「バトー」→「バロー」
middle（真中）は、「ミドル」→「ミドー」→「ミロー」
puddle（ぬかるみ）は、「パドル」→「パドー」→「パロー」

❷ sandal（サンダル）は、「サンダル」→「サンドー」（エルがオ変）→「サンロー」（ロ変）になります。

Sandra（女性の名前）と sandals（サンダル）、そして sand（砂浜）の音の類似にも注意。

解答

❶ The (beetles) (battled) in the (middle) of the (puddle).

❷ Sandra (wore) (sandals) on the sand.

(日本語訳)

❶ 虫たちは水たまりの真ん中で戦った。

❷ サンドラは、砂浜ではサンダルを履いていた。

実力問題　次の会話で、男性の発言に対して女性の受け答えとして最も適切なものを 1 つ選びなさい。2 回、男性の発言だけ流れます。

（女性の受け答え）

① Nobody started a battle.
② The little turtles did.
③ Carol started it.

解説

「口変」になっていたのは以下の語です：
startled / battle / little / turtles / Carol

　男性は、Who startled the cattle? 「だれが牛たちをびっくりさせたのか？」と聞いていたのでした。startled のところが、たぶん start みたいだなと思った人はもう一歩でした。startled, cattle が「スターロウ」、「キャロウ」のように聞こえていれば、あなたの聴覚自体には問題ありません。単語の意味自体知らなかった人は語彙力が足りていなかったということですね。

　startled「驚かせた」と started「始めた」は似ていますが、発音がちがいます。startled は「スターロウド」で、started は「スターレッド」です。以下にまとめます。

単語	意味	発音	音変化ルール
① startled	驚かせた	スターロウド	「④口変」
② started	始めた	スターレッド	「②ラ変」

解答

男性：Who startled the cattle?

女性：**1** Nobody started a battle.

　　　2 The little turtles did.

　　　3 Carol started it.

（日本語訳）

男性：だれが牛たちを驚かせたんだい？

女性：**1** だれも戦闘を始めなかったわ。

　　　2 小さな亀たちよ。

　　　3 キャロルがそれを始めたのよ。

ナ変 （ナ行への音変化ルール）

ナ変ルール

n ＋ t ＋弱母音の順に音が並ぶと、
t が脱落して n と弱母音がつながる。
「n ＋弱母音＝ナ行の音」になるので、
これを「ナ変」と呼ぶ。

＊音声の聞き方については、「本書の使い方」（6 ページ）を参照してください。

　ナ変ルールとは、たとえば center が「センター」ではなくて「セナー」のように発音される現象の背後にあるルールです。これを指す名称がないので、私が『ナ変』と命名しました。古文の「な変」とはまるで関係ありません。音に敏感な人なら、英語では「センター」が「セナー」と発音されることがあるということに既に気づいていたかもしれません。センター試験リスニングでも、数年前に interview という単語をこの『ナ変』で「イナヴュー」と読んだ問題が実際に出題されていました。

例題 **音声を何度も聞いて、空欄に 1 語ずつ書き込みなさい。その後、答え合わせが終わったら、音声に合わせて何度も大声で発音練習します。**

1 (　　　　　　　) (　　　　　　　　　　) short

2 (　　　　　　　) (　　　　　　　　　　) a week

3 (　　　　　　　) (　　　　　　　　　) offices in the

　 (　　　　　　　) of the city

解 説

　読み上げた**1**〜**3**のそれぞれ先頭には数字が来ています。それぞれの数字の語尾は「…ンティー」になっています。ここに『ナ変』が生じて seventy「セブニー」、twenty「ツエニー」、ninety「ナイニー」に変化します。この発音の変化を知っていると、外国での買い物で、値段の交渉・商品価格の確認などのときに困らなくて済み、大変役に立ちます。

　1 centimeter（センチメーター）は「センタミーター」→「セナミーラー」に変化します。「センタ」→「セナ」は『ナ変』であり、「ミーター」→「ミーラー」は『ラ変』です。そもそも meter の発音は「メーター」ではなく、「ミーター」でした。

　2 interview（インタビュー）は「イナヴュー」になります。

　3 dental（デンタル・歯科の）は、「デントル」→「デントー」（エルがオ変）→「デノー」（ナ変）と変化します。その結果、dental が「デノー」に聞こえます。初めは複雑に感じるかもしれませんが、すぐに慣れて当たり前になります。

　center は「セナー」になります。

　2桁の数字では、20 と 70 と 90 が『ナ変』で音が変わり、それぞれ「トウェニー」「セヴニー」「ナイニー」になります。これはがっちり暗記しておくべきです。

試験によく出る数字の発音		
20	twenty	トゥェニー
70	seventy	セヴニー
90	ninety	ナイニー

解答

1 (**seventy**) (**centimeters**) short

2 (**twenty**) (**interviews**) a week

3 (**ninety**) (**dental**) offices in the (**center**) of the city

36

(日本語訳)

■ 70cm 足りない

■ 1 週間につき 20 件の面談

■ 都市中心部に 90 の歯科医院

練習問題 ① 音声を何度も聞いて、空欄に 1 語ずつ書き込みなさい。その後、答え合わせが終わったら、音声に合わせて何度も大声で発音練習します。

■ I (　　　　) (　　) all.

■ I just (　　　　　　) (　　　　) a gift.

■ They are just (　　　　　　) (　　　　　　　　).

■ There was a pair of (　　　　　) left in the middle of the floor.

■ Bob (　　　　　) (　　) win the lottery.

解答

■ I (want) (it) all.

■ I just (sent) (her) a gift.

■ They are just (sentimental) (fantasies).

■ There was a pair of (pantyhose) left in the middle of the floor.

■ Bob (wanted) (to) win the lottery.

日本語訳

1 それ全部欲しいよ。

2 今、彼女に贈物を送ったところだよ。

3 それらは感傷的な空想にすぎません。

4 床の中央にはパンストが置き忘れてあった。

5 ボブは宝くじに当選したいと思っていた。

練習問題 2 音声を何度も聞いて、空欄に1語ずつ書き込みなさい。その後、答え合わせが終わったら、音声に合わせて何度も大声で発音練習します。

1 Doug (　　　　　) (　　　　) (　) (　　　　　　　　).

2 Some (　　　　　) (　　　　　　　) during (　　　　)
(　　　　) (　　　　　　).

3 They have (　　　　　　　) (　　　) (　　　　)
(　　　　　　　　) (　　　) (　　　　　　)
museum.

4 Nancy's parents (　　　　) (　　　) to study
abroad.

解説

1 sent him はまず him が im になり（h 脱落ルール→ p. xx）、sent im はつながって発音される（子母密着）。そうすると、n＋t＋i のように並ぶので t が脱落して「セニム」（ナ変）に変化する。

2 went insane はまず『子母密着』でつながって発音される。そうすると、n＋

t＋iのように並ぶので、tが脱落して『ナ変』になり、「ウエニンセイン」に変化する。

3 plenty と paintings はそれぞれ n＋t＋y、または n＋t＋iのように並んでいるので、そこが『ナ変』になり、tが脱落して「プレニー」「ペイニングズ」に変化する。plenty の y は、ここではヤ行を表す子音字ではなくて、母音字として使われていて、その場合、iと発音が同じになる。

4 want her はまず her の h が脱落し（h 脱落ルール）、2 語がつながり（子母密着）、n＋t＋er になり、『ナ変』でtが脱落して「ウワナー」に変化する。er は 2 語の綴りだが 1 つの母音 /ɚ/ を表している。

解答

1 Doug (sent) (him) (a) (letter).

2 Some (went) (insane) during (the) (severe) (winter).

3 They have (plenty) (of) (old) (paintings) (in) (that) museum.

4 Nancy's parents (want) (her) to study abroad.

日本語訳

1 ダグはその男に手紙を送った。

2 厳しい冬の間に一部の人は気が狂った。

3 あの美術館にはたくさんの古い油絵がある。

4 ナンシーの両親はナンシーを留学させたがっている。

実力問題　次の会話で、女性の発言に対して男性の受け答えとして最も適切なものを１つ選びなさい。２回、女性の発言だけ流れます。

（男性の受け答え）

1 No, he put it in the city center.

2 No, he didn't put on the gown.

3 Yes, he did.

解説

　女性の言葉のうち、hunter, center, counter はそれぞれ『ナ変』になり、t が脱落して「ハナー」「セナー」「キャウナー」に変化しています。まさかハンターがハナーと発音されるとは予期しなかった人もいるでしょうが、ごく普通の音変化です。

　put his は、まず h 脱落で put is になり、それが子母密着して putis になり、t の両側が母音ですから『ラ変』になって、「プッリズ」に変化しています。

解答

女性：Did the hunter put his gun in the center of the counter?

男性：**1** No, he put it in the city center.

　　　2 No, he didn't put on the gown.

　　　3 Yes, he did.

日本語訳

女性：その鹿狩り人はカウンターの中央に自分の拳銃を置いたの？

男性：**1** いいや、繁華街に拳銃を置いたよ。

　　　2 いいや、その外套（ガウン）は着なかったんだ。

　　　3 そうだよ。

ユ変 （子音＋y（ユ）/ j / で大きな変化）

ユ変ルール

子音＋y（発音は / j / ≒ユ）が並ぶと、音がさまざまに変化する。

＊音声の聞き方については、「本書の使い方」（6ページ）を参照してください。

　英語の綴りがyで、それが子音を表すとき、発音記号では / j / の記号を使います。これは決して Japan や joker などの「ジュ」の音ではありません。発音記号の / j / はあえて言えばヤ行の「ヤ」か「ユ」に近いです。私は「気合のこもったヤ行の先頭の子音」と説明しています。この / j / （ユ）の音の直前に子音が来ると結合して音が変わるという現象が『ユ変』です。

例題 音声を何度も聞いて、空欄に1語ずつ書き込みなさい。その後、答え合わせが終わったら、音声に合わせて何度も大声で発音練習します。

1 (　　　　　) (　　　　　　　　) gentleman
2 (　　　　　) (　　　　　) (　　　　　) but
(　　　　　) (　　　　)
3 (　　　　) (　　　　　) done
4 the (　　　) (　　　　　　　) cab

（解　説）

1 this の語尾 s と次の語頭 y とで、子音＋y/j/ですから、『ユ変』になり、「ディス・ヤング」→「ディ・シャング」に変化します。

41

2 not の t は音が出ていません。それは『⑦呑み込み』だからです。ここでのポイントは、last year のところと next year のところです。last も next も、語尾が t です。次の year の語頭は y / j / なので t と y が化合して音が変化して（ユ変）、「ラース・チャー」「ネクス・チャー」のように聞こえます。

3 not の t と、yet の先頭の y とで『ユ変』になり、「ナッ・チェッ」になります。yet の t は聞こえません（『⑦呑み込み』）。

4 last ＋ yellow で、「ラース・チェロウ」です。

解答

1 (this) (young) gentleman
2 (not) (last) (year) but (next) (year)
3 (not) (yet) done
4 the (last) (yellow) cab

日本語訳

1 こちらの若い男性
2 去年ではなくて来年
3 まだ行なわれていない
4 最後のイエローキャブ（＝ New York のタクシー）

練習問題 ①

音声を何度も聞いて、空欄に1語ずつ書き込みなさい。その後、答え合わせが終わったら、音声に合わせて何度も大声で発音練習します。

1 The jury (　　　　　　) (　　　　　) not guilty.

2 You've just (　　　　　　) (　　　　　　) bus, Miss.

3 (　　　　) (　　　　) (　　　　　　), Bond.

解説

1 found + you で、ファウンジュー。

2 missed + your で、ミスチュア。

3 bend + your で、ベンジュア。『ユ変』と『子母密着』のせいで、この英語はどうしても「便所にズボン」と聞こえてしまいます。

解答

1 The jury (found) (you) not guilty.

2 You've just (missed) (your) bus, Miss.

3 (Bend) (your) (knees), Bond.

日本語訳

1 陪審はあなたが無罪と評決した。

2 お嬢さん、今、乗るべきバスを乗り過ごしましたよ。

3 ボンド君、両ひざを曲げてください。

音声を何度も聞いて、空欄に1語ずつ書き込みなさい。その後、答え合わせが終わったら、音声に合わせて何度も大声で発音練習します。

1 I (   ) (   ) decisions.

2 (   ) (   ) (   ) (   )

mouth, please?

3 Don't (   ) (   ) up about it.

4 (   ) (   ) think she (   )

(   ) help?

5 Is (   ) (   ) (   ) washer?

6 He's buying (   ) (   ).

7 Hasn't he (   ) (   ) (   )?

8 (   ) (   ) again.

解　説

　子音で終わる動詞は数多くあり、その直後の語（目的語と呼ばれる名詞）が you であったり your から始まることも多いので、そこに『ユ変』が生じます。

1 respect ＋ your は「リスペクト・ユア」→「リスペク・チュア」

2 could ＋ you は「クッド・ユー」→「クッ・ジュー」。
shut ＋ your は「シャット・ユア」→「シャッ・チュア」。
Could you …? は「丁寧な依頼」を表します。

3 beat ＋ yourself は「ビート・ユアセルフ」→「ビー・チュアセルフ」。about

+ it は「ラ変」で「アバウ・リッ」。beat oneself up about ... は「〜で自分を責める・〜をひどく心配する」。

> ４ don't + you は「ドウンツ・ユー」→「ドウン・チュー」。
> needs + your は「ニーズ・ユア」→「ニー・ジュア」。

> ５ this + your で、ディシュア。

> ６ this + yacht → 「ディス・ヤッ」 → 「ディ・シャッ」。
> 「ですよ」と聞こえた人は、まだ完全に日本語耳のままの人。

> ７ said + yes → 「セッド・イエス」 → 「セッ・ジェス」。
> yes / s / + / j /yet →「ス・イエッツ」→「シェッツ」

> ８ Robert's / ts / + / j /yawning → 「ロバーツ・ヤーニン」→「ロバー・チャーニン」。

解答

１ I (respect) (your) decisions.

２ (Could) (you) (shut) (your) mouth, please?

３ Don't (beat) (yourself) up about it.

４ (Don't) (you) think she (needs) (your) help?

５ Is (this) (your) (dish) washer?

６ He's buying (this) (yacht).

７ Hasn't he (said) (yes) (yet)?

８ (Robert's) (yawning) again.

1 私は君の決断を尊重します。

2 黙っていただけませんかね。

3 そんなことで自分を責めてはいけないよ。

4 彼女があなたの援助を必要としているとは思いませんか？

5 これがあなたの皿洗い機ですか。

6 その男性はこのヨットを買う予定です。

7 あいつはまだ、はいと言っていないのかい？

8 ロバートはまた欠伸（あくび）をしている。

実力問題　次の会話で、男性の発言に対して女性の受け答えとして最も適切なものを 1 つ選びなさい。2 回、男性の発言だけ流れます。

（女性の受け答え）

1 Yes, each of them practices it.

2 Yeah, to stay healthy.

3 No, I'm not a showgirl.

解説

eat + yogurt and　→　「イー・チョウガ…」。practice / s / + / j / yoga　→　「…ショウガ」。やっぱり日本語耳には「胃腸が」と「生姜（しょうが）」のように聞こえてしまいますね。

選択肢 3. の showgirl（コーラスガール）と「生姜」も音が似ています。

解答

男性：Do you eat yogurt and practice yoga every morning?

女性：**1** Yes, each of them practices it.

　　　2 Yeah, to stay healthy.

　　　3 No, I'm not a showgirl.　

日本語訳

男性：きみは毎朝ヨーグルトを食べてヨガをしているのかい？

女性：**1** はい、あの人たちは一人一人がそれをしますよ。

　　　2 うん、健康維持のためにね。

　　　3 私はコーラスガールじゃありません。

呑み込みルール

母音＋破裂音＋子音の順で音が並ぶと、破裂音* は破裂せずに不発で終わり、息を呑み込むような、しゃっくりが喉に引っかかるような、１秒にも満たない無音の間（ま）だけがそこに残る。

簡単に言うと「破裂音＋子音」が「沈黙の間＋子音」に変化すると覚えておけばよい。

破裂音が文尾に来た時も、破裂せずに呑み込まれることが多い。

* 「破裂音」とは子音の一種で、英語では以下の６つあります：
/ p / と / t / と / k / と / b / と / d / と / g /

＊音声の聞き方については、「本書の使い方」（6 ページ）を参照してください。

アメリカ人がしゃべるのを聞いたことがある人なら、すぐに気がつくことがあります。ときどき、喉に何か詰まったような発音をするのです。息を呑み込むような、何かが引っ掛かっているような。日本語の音の体系にはない音なので、すぐに気づきます。それがこの『呑み込み』音です。

破裂音とは、口の中で溜まっていた息が一気に吐き出されるときに出る子音で、まるで口の中で小さな爆弾が破裂するような感じなので破裂音と呼ばれます。英語では /p//t//k/ と /b//d//g/ の６つが破裂音です。あえて日本語で書けば、/p/ が「プ」、/t/ が「ツ」、/k/ が「ク」、/b/ が「ブ」、/d/ が「ヅ」、/g/ が「グ」です。

これら破裂音の直後に子音が来ると、破裂音が破裂しないで不発弾になる、というのがこの『呑み込み』ルールです。破裂音が破裂しないと、そこの音が呑み込まれるような響きになり、1秒の数分の1の沈黙の間が空くのです。

破裂音＋破裂音の場合でも、破裂音自体が子音なので、1つ目の破裂音は破裂しないで、呑み込まれます。

例題 音声を何度も聞いて、空欄に1語ずつ書き込みなさい。その後、答え合わせが終わったら、音声に合わせて何度も大声で発音練習します。

1 (　　　　　　　　) (　　　　　　　　　　)

2 (　　　　　　) (　　　　　　　　　　　)

3 (　　　　　　　　) flavored

4 a (　　　　　　　　　) box

(解　説)

1 「噛まれた子猫たち」という意味です。bitten も kitten も語尾の音は --tn ですね、つまり t（破裂音）＋ n（子音）になっていますから、t は呑み込まれます。-tten の e の所には音自体がありません。

2 net curtains は「レースのカーテン」です（ただしアメリカ人は curtain だけでレースのカーテンの意味で使い、厚手の普通のカーテンは drapes と呼びます）。2つの t のところが呑み込まれて、音が出ません。net は「ネット」ではなくて「ネッ　」になり、curtains も「カーテンズ」ではなくて「カーゥンズ」になります。

3 「ナツメグの香りの付いた」という意味ですが、nutmeg は「ナツメグ」ではなくて、2つの t のところが呑み込まれて「ナッ　メッ　」に変化します。「ナツメグ」が「ナッ　メッ　」になってしまうと、日本人にはちょっと辛いかもしれません。

4 「段ボールの箱」という意味ですが、cardboard の card の d（破裂音）の直後に、board の b（子音）が来るので、d は呑み込まれます。また --board の d（破裂音）の直後に box の b（子音）が来るので、結局「カードボード」ではなくて「カーボーッ」に変化します。

「段ボール箱」は、別の英語で a carton とも言いますが、これも「カートン」ではなくて「カー　ゥン」になります。

> **解答**
>
> ① (**bitten**) (**kittens**)
> ② (**net**) (**curtains**)
> ③ (**nutmeg**) flavored
> ④ a (**cardboard**) box

（日本語訳）
① 噛まれた子猫たち
② レースのカーテン
③ ナツメグの香りの付いた
④ 段ボールの箱

練習問題 ① 　音声を何度も聞いて、空欄に 1 語ずつ書き込みなさい。その後、答え合わせが終わったら、音声に合わせて何度も大声で発音練習します。

1 (　　　　　) (　　　　　) with (　　　　　) jam

2 (　　　　　) jazz

3 (　　　　　) *Returns.*

4 The (　　　) (　　　　) returns. 🎧

解　説

1 baked も bread も語尾の d のところが呑み込まれます。

2 great の t の直後が子音（jazz）なので呑み込まれます。

3 の Batman と **4** の bad man は同じ発音になります。

解答

1 (baked) (bread) with (grape) jam

2 (great) jazz

3 *(Batman) Returns.*

4 The (bad) (man) returns.

日本語訳

1 ぶどうジャム付きの焼いたパン

2 素晴らしいジャズ

3 バットマン、復活（映画の題名）

4 その悪漢が帰ってくる。

音声を何度も聞いて、空欄に1語ずつ書き込みなさい。その後、答え合わせが終わったら、音声に合わせて何度も大声で発音練習します。

（ヒント➡ 話題はすべて食べ物で、しかも命令文です）

1 Never (　　　) (　　　　　　　　　) pork.

2 (　　　) fresh vegetables (　　) (　　　).

3 Drink (　　) (　　　　　　), (　　　)
(　　) (　　　).

4 (　　　　) some (　　　　) pepper into
(　　　　) soup.

解　説

1 eat の語尾の t、deep の末尾の p、deep-fried の語尾の d、これらは直後に子音が来ているので、すべて呑み込まれます。音は出ません。deep-fry というのは、深い鍋にたっぷり油を入れて天ぷらにしたり、フライにしたり、唐揚げを作ったりすることです。浅いフライパン (frying pan) で炒めるのは、stir-fry と言います。

2 eat の語尾の t、and の語尾の d は呑み込まれます。

3 この文を構成する6単語のうち、最後の now を除くすべての語の語尾が呑み込まれています。「呑み込み」の見本のような文です。

4 put の t、black の ck /k/、that の語尾の t が、直後に子音があるために呑み込まれて、音の空白ができます。

解答

1 There were a lot of (**buttons**) on the (**cotton**) sheet.

2 Louise (**got**) (**cold**) feet, and (**called**) the police.

3 Only the (**good**) (**die**) young.

4 (**Dick**) (**kept**) (**talking**).

日本語訳

1 木綿のシーツの上にはたくさんのボタンがあった。

2 ルイーズは怖くなり、警察に電話した。

3 善人だけが早死にする。

4 ディックはしゃべり続けた。

実力問題 次の会話で、男性の発言に対して女性の受け答えとして最も適切なものを1つ選びなさい。2回、男性の発言だけ流れます。

（女性の受け答え）

1 Why not?

2 So I can't eat beef or chicken.

3 I have to check in first.

　男性の発言の最初は「ドンニー」に聞こえます。その次は「ディー フライ」と聞こえますね。でも、それをつなげても、ちゃんとした英語の語句にはなりません。何と言っていたのでしょうか？ Don't eat deep-fried pork or roast chicken.「とんか

つもローストチキンも食べてはいけない」です。「ドウンニー」と聞こえた部分は
Don't eat です。Don't eat の下線部が、「n＋t＋母音」の順に並んでいますから、『⑤
ナ変』に変化して、その結果、「ドウンニー」という響きになります。

　後半部分が『呑み込みルール』です。次の下線部を見てください。

eat deep-fried pork or roast chicken

　この下線部は全部「破裂音」と呼ばれる子音ですが、音が出ません。呑み込まれ
てしまい、まるでしゃっくりのような感じになります。本来あるべき音が発音さ
れずに、その音の長さだけ沈黙の間（ま）が続きます。

解答

男性：Don't eat deep-fried pork or roast
　　　chicken.
女性：**1** **Why not?**
　　　2 So I can't eat beef or chicken.
　　　3 I have to check in first.

日本語訳

男性：とんかつもローストチキンも食べてはいけませんよ。
女性：**1** なぜですか。
　　　2 と言うことは牛肉と鶏肉がダメということですね。
　　　3 まずチェックインしなくちゃ。
　　　（chicken と check in は音が似ているので注意）

08 吸い込み（連続する同じ子音２つの合体）

吸い込みルール

２語をまたいで同じ子音が連続して並ぶと、２度は発音されずに

前の子音は後ろの子音に吸収されて全体で１回だけ発音される。

＊音声の聞き方については、「本書の使い方」（6 ページ）を参照してください。

　日本語では同じ母音と母音がつながったときに、几帳面に２回その母音を発音せず、省エネして１回だけで済ますことが会話ではよくありますね。例えば、「戸を閉める」が「とー閉める」になったり、「よく歌う」が「よくーたう」になったり、「声を大きく」が「声をーきく」になったりします。英語でも同じ子音と子音がつながると、日本語の母音の連鎖と同じようなことが起こります。

　この『吸い込みルール』は、ひとつ前でやった『⑦呑み込みルール』とよく似ています。２つの音のうち、前の音がなくなる点では同じと言ってもかまいません。（同一の２つの子音が、もし破裂音の場合には、完全に『呑み込み』になります。そのときには、前の破裂音が破裂せずに沈黙の間が生じるというのは、前回の『⑦呑み込みルール』のところでやりましたね。）
　また２つの音は、全く同一ではなくて類似の音の場合でも『吸い込み』は起こります。たとえば、a nice shoot の nice の ce /s/ は直後の shoot の sh / ʃ / に吸収されて音がなくなる場合などです（→**練習問題 3** でやります）。

例題 音声を何度も聞いて、空欄に1語ずつ書き込みなさい。その後、答え合わせが終わったら、音声に合わせて何度も大声で発音練習します。

1 a ( ) ( )
2 the ( ) ( )
3 for a ( ) ( )
4 a pencil with a ( ) ( )

(解　説)

1 もし a (close) (door) だったとすると、close は動詞になりますから、文法上 a close door の語順には並べられません。

2 夜の雨 (the night rain) の可能性もあるのではないかと思った人もいるかもしれませんが、もし the night rain なら、night の t は『呑み込み』になりますから、t の音は聞こえないはずです。

3 short の t と time の t が結合します。

4 sharp の p と point の p が結合します。

解答
1 a (closed) (door)
2 the (night) (train)
3 for a (short) (time)
4 a pencil with a (sharp) (point)

58

日本語訳

1 閉まっている扉
2 夜汽車
3 短期間に
4 先の尖った鉛筆

練習問題 ① 音声を何度も聞いて、空欄に 1 語ずつ書き込みなさい。その後、答え合わせが終わったら、音声に合わせて何度も大声で発音練習します。

1 Look at those (　　　　　) (　　　　　　　).
2 We need a (　　　　　) (　　　　　　　　　).
3 Mary (　　　　　) (　　　) why.
4 They (　　　　　　　) (　　　　　　　　)
masks there.

解説

1 black の語尾の ck /k/ と、clouds の語頭の c /k/ が結合します。

2 quick の語尾の ck /k/ と、quarantine の語頭の q /k/ が結合します。

3 Mary <u>ask</u> Tom why と発音したとしても、この文と同じ音になりますが、文法的に Mary ask ... は×です。現在形 asks にする必要があるからです。ネイティヴは瞬間的に asks の語尾の三単現の s の音があるかどうかを聞き分けています。

4 produce の ce / s / と、surgical の / s / が結合します。

1 Look at those (black) (clouds).

2 We need a (quick) (quarantine).

3 Mary (asked) (Tom) why.

4 They (produce) (surgical) masks in that factory.

日本語訳

1 あの黒雲を見て。

2 迅速な感染者隔離（検疫）が必要だ。

3 なんで？とメアリーはトムに聞いた。

4 あの工場では外科医療用のマスクを製造している。

練習問題 **2** 　音声を何度も聞いて、空欄に1語ずつ書き込みなさい。その後、答え合わせが終わったら、音声に合わせて何度も大声で発音練習します。

1 OK then, (　　　　) (　　　　) it up.

2 The number of people (　　　　) (　　　　) was increasing.

3 The (　　　　　) (　　　　　) talking.

4 George was (　　　) (　　) death.

（ 解　説 ）

1 I look ... と I'll look ... は同じ音です。しかし I look だとすると現在形なので、「日常的な習慣」を表してしまい、「よし今から調べてみるぞ」という意味にはならず、文頭の OK then（よしそれでは）という「この場での決断」と矛盾してしまいます。したがって、I look ではなくて I'll look が正解です。

2 found dead と founded は似た音ですが、空欄が2つですし、founded（設立された）では意味が成り立ちません。

3 The <u>student</u> stopped talking の可能性もあります。student stopped と students stopped は音が全く同じですから、student(s) が単数なのか複数なのか、音からは区別はつきません。

4 George was <u>shocked</u> to death の可能性もあります。shocked の語尾は /kt/ で破裂音の連鎖です。次が to で子音 /t/ で始まりますから『呑み込みルール』によって /kt/ は音が出ません。その結果、shocked to と shot to は全く同じ音になってしまいます。つまり、意外と思うかもしれませんが、

1 George was <u>shot</u> to death.　　（ジョージは射殺された）

2 George was <u>shocked</u> to death.（ジョージはショック死した）

この2つは発音的にはまったく同一になります。

解答

1 OK then, (I'll) (look) it up.

2 The number of people (found) (dead) was increasing.

3 The (students) (stopped) talking.　または
The (student) (stopped) talking.

4 George was (shot) (to) death.　または
George was (shocked) (to) death.

1 よし、それ調べてみるね。

2 死亡が確認された人々の数は増えていた。

3 学生たちはおしゃべりをやめた。(または)その1人の学生は〜をやめた。

4 ジョージは射殺された。(または)ジョージはショックのあまり死んだ。

練習問題 **3** 音声を何度も聞いて、空欄に1語ずつ書き込みなさい。その後、答え合わせが終わったら、音声に合わせて何度も大声で発音練習します。

1 (　　　　　) (　　　　　　　) is a very (　　　　　　　　).

2 The (　　　　　　　) (　　　　　　　) a lot.

3 (　　　　) (　　　　) missing you?

4 (　　　　) (　　　　　　　) word hurt me.

解説

1 This の / s / が shop の sh / ʃ / に吸い込まれる。同様に、nice の / s / が shop の sh / ʃ / に吸い込まれる。

2 house の se / s / が shook の sh / ʃ / に吸い込まれる。

3 Is の / z / が she の sh / ʃ / に吸い込まれる。

4 His の / z / が sharp の sh / ʃ / に吸い込まれる。

解答

1 (This) (shop) is a very (nice shop).

2 The (house) (shook) a lot.

3 (Is) (she) missing you?

4 (His) (sharp) word hurt me.

（日本語訳）

1 このお店はとても良いお店です。

2 家はひどく揺れた。

3 あの女の子は君に会いたがっていますか？

4 その男の辛らつな言葉が私を傷つけた。

実力問題　　次の会話で、女性の発言に対して男性の受け答えとして最も適切なものを 1 つ選びなさい。2 回、女性の発言だけ流れます。

（男性の受け答え）

1 I agree. It's a chaotic situation.

2 I agree. It's easy to predict it.

3 I agree. Everyone can tell what's going to happen.

解説

　女性が言っていたのは can tell（肯定形）だったでしょうか？それとも can't tell（否定形）だったのでしょうか？

　女性が言っていたのは、You can't tell what will happen next. 「次に何が起こる

かなんて誰もわからない」でした。

　この問題では、can't tell と happen next の下線部が「同じ子音＋子音」ですから、『吸い込みルール』により、1回だけ発音されているのです。

　can't tell のところは、can't の t が直後の tell の t に吸収されてしまいますから、can't は can に聞こえるということですね。だとすると、ここで can と発音された語は肯定形なのか否定形なのか、聞いても区別できないということなのでしょうか？もしそうだとすると、can（肯定形）と can't（否定形）の区別がつかない英語って、ずいぶんと不便な言語ですね、と即断した人もいるかもしれません。

　でも、そうではありません。肯定の can と否定の can't では、それぞれの母音がちがうので明確に区別できるのです。

　詳しい解説を p.113 〜 p.114 に載せてあります。参照してください。

解答

女性： You can't tell what will happen next.

男性： **1** I agree. It's a chaotic situation.

　　　 2 I agree. It's easy to predict it.

　　　 3 I agree. Everyone can tell what's *going to happen.

（注）*going to が gonna / gounə / に聞こえる音変化は→⑰ゴウナのルール

日本語訳

女性：次に何が起こるかなんて誰もわからないわ。

男性：**1** そう。状況は混沌としてるからね。

　　　2 そう。予測するのは簡単だ。

　　　3 そう。何が起こるかは誰でもわかっている。

h の脱落ルール

h で始まる語のうち、he や his や him や her などの代名詞、助動詞の have, has, had、そしてときどき here などの語は、語頭の h の音が脱落する。

＊音声の聞き方については、「本書の使い方」（6 ページ）を参照してください。

　日本人は、英語を綴りのとおりに発音してしまいがちですが、代名詞や助動詞は通常ごく弱く発音されるので、語の先頭に h が来ると、その h はほとんど間違いなく脱落してしまいます。英語の h は、日本語のハ行とはちがって喉の奥から吐息とともに出す音ですから、発音するのに手間ひまがかかります。従って省エネの観点から、h が脱落してしまうのだと思われます。

例題　音声を何度も聞いて、空欄に 1 語ずつ書き込みなさい。その後、答え合わせが終わったら、音声に合わせて何度も大声で発音練習します。

1 lock (　　　　　　) (　　　　　　)

2 (　　　　　　　) (　　　　　　) up

3 (　　　　　) (　　　　　) (　　　　)

4 pull (　　　　　) (　　　　　　　)

『h の脱落ルール』では、him が im になり、her が er になり、have が ave になるだけではありません。im や er や ave は、先頭が母音になってしまうので、直前の子音と必ず『子母密着』が生じます。それが聞き取りをさらにむずかしくしてしまいます。

(解　説)

❶「彼を部屋から締め出す」という意味ですが、him が im に変わり、直前のlock、直後の out と子母密着して、1語の「ラッケマウ」のように聞こえてしまいます。

❷「彼氏に待ちぼうけを食わす」の意味ですが、これも him が im に変わり、直前の stand、直後の up と子母密着して、1語の「スタンディマップ」のような響きになってしまいます。

❸「彼女をだます」ですが、her が er に変わり、直前の take、直後の in と『子母密着』して、1語のようになってしまいます。この表現は「家に招き入れる」という意味もあります。

❹「彼女を苦境から乗り越えさせる」の意ですが、これも her が er に変わり、直前の pull と子母密着して、pull ＋ er が1語の「プラー」のようになってしまいます。

解答
❶ lock (him) (out)
❷ (stand) (him) up
❸ (take) (her) (in)
❹ pull (her) (through)

（日本語訳）

1 そいつを締め出す

2 あの人を待ちぼうけさせる

3 その女性をだます、または、その女性を家に入れる

4 彼女を苦境から乗り越えさせる

練習問題① 音声を何度も聞いて、空欄に 1 語ずつ書き込みなさい。その後、答え合わせが終わったら、音声に合わせて何度も大声で発音練習します。

1 I (　　　　　　) (　　　　) to the hospital.

2 It's a little bit (　　　) (　　　) (　　　)
(　　　　　).

3 Kevin (　　　　　) (　　　　) the game.

4 You should (　　　　　) (　　　　　) the
package.

（解　説）

1 her が er になって、直前の walked の語尾の t と子母密着して、walked ＋ er が「ワークト・ハー」→「ワーク・ター」のように聞こえます。ちなみに walked と worked の音の違いは、母音の「オー」と「アー」の違いだと思っている人がいますが、ちがいます。➡『⑱カオナシのアのルール』で詳しく説明してあります。

2 in here の here は、h が脱落して ere になって in とくっつきます。

in here の意味は、here だけでもほぼ同じ意味です。英語では大ざっぱに先ず「方向」を示し、その後「具体的な場所」を言う、という 2 段構えの表現が使われることがあります。例えば、up on the roof「上の屋根に」とか、out in the playground「外

の校庭に」とか、down in the basement「下の地下室に」などです。初めに、up とか out とか down とか、「大ざっぱな方向」を表す副詞が来ます。in here もそれと同様の形になっています。「建物の内部に (in) ＋ここで (here)」＝「屋内のここで」です。

3 gave him が gave im になって、gavim「ゲイヴィム」という発音になっています。

4 send her が send er になり『子母密着』して sender（送り主）と発音が同じになります。他にも例えば write her が writer とまったく同じ発音になり、drive her が driver とまったく同じ発音になってしまいますので、注意です。

解答

1 I (walked) (her) to the hospital.

2 It's a little bit (too) (hot) (in) (here).

3 Kevin (gave) (him) the game.

4 You should (send) (her) the package.

（日本語訳）

1 私は歩いてその女性を病院まで送って行った。

2 この室内はちょっと暑すぎますね。

3 ケヴィンは彼にそのゲームをあげた。

4 その小包を彼女に郵送してあげるべきです。

実力
問題　　次の会話で、女性の発言に対して男性の受け答えとして最も適切なものを 1 つ選びなさい。2 回、女性の発言だけ流れます。

（男性の受け答え）

男性：　**1** Nobody.

　　　　2 More than one meter.

　　　　3 Yes, that's a good idea.

解説

　女性の発言は、「エニ ワン ミーラー」と聞こえますね。この本の読者の皆さんは、長さの単位の m（メートル・メーター）は英語では meter であり、その発音は、『② ラ変』をすでに習得していますから、「ミーラー」になると知っています。したがって女性の発言の後半部分は「ワンミーラー」だから 1m だと聞き取ってしまったかもしれません。

　でも Did any one meter?（×）では文になりませんね、動詞がありませんから。

　または、mirror（鏡）と聞き違えた人もいるかもしれません。

　女性は Did anyone meet her?「誰か彼女に会った人いる？」と尋ねていたのです。meet her がなぜ「ミーラー」に聞こえたのでしょうか？それは h の音が脱落したからです。meet her が meet er になり（h の脱落ルール）、音がつながって meeter になり（子母密着）、さらに t のところがラ行に変化（ラ変）したので、最終的に「ミーラー」になったのです。理論的に説明すると複雑ですね。

解答

女性： Did anyone meet her?　誰か彼女に会った人いる？

男性： **1 Nobody.**　誰も会った人はいないよ。

2 More than one meter. 1m 以上。

3 Yes, that's a good idea. うん、それはいいね。

助動詞＋完了形での h の脱落ルール

would have…や could have…や
might have…や should have…や
must have…では、完了形の have の先
頭の h の音は必ず脱落し、直前の助動詞
の語尾の t や d と子母密着する。
★この講はむずかしいですよ。気合を入
れて取り組んでね！

＊音声の聞き方については、「本書の使い方」（6 ページ）を参照してください。

　助動詞の直後の完了形（たとえば could have –ed のような形）では、よほどゆっ
きりと発音しない限り have の h は必ず脱落します。h の音が聞こえる場合はごく
まれです。

　「推量の助動詞」の過去形（might/could/would/should）は、動詞とちがって、
過去形が過去の時点を表すというわけではありません。なので、「推量の助動詞」
を用いた文が過去の時点を表したいときには、助動詞ではなくて直後の動詞を「完
了形」に変えるという方法を取ります。

　文法的にはこれで説明が終わりなのですが、リスニングの場合にはさらに問題が
出て来ます。助動詞の直後の have の h が必ず脱落してしまうから慣れない人には
とても聞き取りにくくなってしまうのです。

音声を何度も聞いて、空欄に1語ずつ書き込みなさい。その後、答え合わせが終わったら、音声に合わせて何度も大声で発音練習します。

1 You (　　　　　　　　) (　　　　　　)
(　　　　　　) that.

2 I t (　　　　　　　　) (　　　　　　)
(　　　　　) better.

3 Jerry told her that their (　　　　　　　)
(　　　　　) (　　　　　) (　　　　) stop.

解　説

1 shouldn't に、h が落ちた ave が付いて shouldn't ave のような形になります。よく見るとこれは n + t +弱母音になっていて『ナ変』ですね。『ナ変』では / t / が落ちて詰まりますから、「シュドンナヴ」になります。

2 couldn't have も「クドゥンナヴ」になります。been は強く読まないので、「ビーン」ではなくて、「ビン」か「ベン」です。(⑱カオナシのアのルール)

3 have to や has to, had to の h も脱落することが多いです。to は「ツー」のような強い音ではなくて「タ」か「ツ」のような弱い音です (⑱カオナシのアのルール)。

解答

1 You (**shouldn't**) (**have**) (**said**) that.

2 It (**couldn't**) (**have**) (**been**) better.

3 Jerry told her that their (**affair**) (**would**) (**have**) (**to**) stop.

日本語訳

1 そんなことは言うべきではなかったね。

2 もう最高でした。

3 俺たちの不倫はやめなければいけないと、ジェリーは彼女に言った。

練習問題 ①

音声を何度も聞いて、空欄に 1 語ずつ書き込みなさい。その後、答え合わせが終わったら、音声に合わせて何度も大声で発音練習します。

1 We (　　　　　) (　　　　　).

2 If not for you, Bruno (　　　　　) (　　　) (　　　　　) so successful.

3 A lot of people died who (　　　　　) (　　　) saved.

4 If Hugo (　　　　) (　　　　) more independent, the divorce (　　　　　) (　　　) (　　　　) (　　　) so deeply.

（解　説）

　この4題は、明らかな仮定法の文です。仮定法というのは、高校で必ず習う文法事項で、「現実とは無関係な空想を表す」文の形式です。

■ 「〜してもよさそうだった・〜しても当然の状態だった・〜したいくらいだった」という意味を、この could have –ed は表わすことがあります。直訳は「（実際にはしなかったが）場合によっては〜していたこともあり得た」のような意味です。
　音は could have が詰まって、「クダヴ」になります。

■ If not for 〜 は、If (it were) not for 〜「〜が仮に存在しなかったら」のカッコの部分が省略された形です。If not for 〜 は受験参考書にはあまり記載がないようですが、実際にはよく使われます。

■ might ＋ ave ＝ mightave で、/ t / の前後が母音なので（gh のところにはもともと音がない）、母音＋/ t /＋母音になり『ラ変』になります。「マイラ̲ヴ」のような音になります。

■ had been は「アッド・ベン」。been は bean（豆）のように「ビーン」とは発音しません。「ビン」か「ベン」のような弱い音です。
　wouldn't have は h が脱落して、「ウドゥンナヴ」です。
　affected him は h が落ちて『子母密着』して「アフェク・ティディム」のような音になります。

解答

■ We (could've) (cried).

■ If not for you, Bruno (wouldn't) (have) (been) so successful.

■ A lot of people died who (might've) (been) saved.

4 If Hugo (had) (been) more independent, the divorce (wouldn't) (have) (affected) (him) so deeply.

（日本語訳）

1 私たちはもう泣きたいくらいでした。

2 もし君がいなかったら、ブルーノはこれほどうまくは行ってなかっただろう。

3 助けられたかもしれなかった多数の人々が死んでいった。

4 仮にヒューゴがもっと自立した人間だったら、離婚はこんなにまで深刻な影響をヒューゴに与えなかっただろうに。

　この「助動詞＋完了形」の音変化ルールを学校で教わったことのある人は、日本人ではほとんどいないと思います。しかしながら実際の英語ではごく頻繁に出てくるパターンです。最初は音が複雑すぎて（そして速すぎて）、ついていけないと思う人もいるかもしれませんが、じきに慣れて易しく感じるようになります。毎日繰り返し聞いて発音してください。ここが頑張りどころ。

実力問題　次の会話で、男性の発言に対して女性の受け答えとして最も適切なものを1つ選びなさい。2回、男性の発言だけ流れます。

（女性の受け答え）

1 Maybe they didn't, but I doubt it.

2 Yes, they know she'll refuse.

3 No, I didn't know that.

男性の発言をよく聞いてください、思ったより複雑な音です。They <u>might know</u> <u>she</u> refuse. だと聞き取った人は、いま一歩でしたがちょっとちがいます。もう１度じっくり聞き直してください。know ではなくて known と言っています。しかし They <u>might known</u> では文法的に正しくありません。助動詞の直後に過去分詞を直結することはできませんから。

　そして <u>she refuse</u> も文法的には破綻しています。she の後ろは現在形なら refuses のように三単現の s が必要ですね。ここでは she'd refuse と言っています。かすかですが、'd の音を聞きとらねばなりません。

　　男性が言っていたのは They mightn't've known she'd refuse.「彼女が拒絶するだろうことを、その人たちはあらかじめ知っていたのかもしれない」です。省略形を使わずに言えば、They <u>might not have known</u> <u>she would refuse</u>. です。

　might の否定形が短縮すると mightn't になり、そこに h が落ちた ave がくっ付きますから、mightn't've は「マイツン<u>ナ</u>ヴ」のような音になります。何度も聞いて音の響きを習得してください。

　後半の she'd は、she would が詰まった形です。'd の音は、通常は「/ əd / アッドゥ」または「/ d / ドゥ」です。しかしここでは直後に refuse の r（子音）が続きますから、she'd の d は『呑み込み』になり、音がほとんど出ません。慣れないうちは、この沈黙の間（『呑み込み』の d）を聞き逃しがちですから、繰り返し聞いて、そのあと発声練習してください。

解答

男性：They mightn't've known she'd refuse.

女性：**1** Maybe they didn't, but I doubt it.

　　　2 Yes, they know she'll refuse.

　　　3 No, I didn't know that.

（日本語訳）

男性：彼女が拒絶するだろうってことを、その人たちはひょっとしたら知らなかったのかもしれないな。

女性：■ その人たちが知らなかった可能性もあるけど、でも知っていたんだと思うわ。

　　　■ うん、彼女が拒絶するだろうってあの人たちは知っているわ。

　　　■ いいえ、私は、それは知りませんでした。

（参考）以下の 2 文をよく聞きくらべて、ちがいを体得してください。

① They might've known she'd refuse.
② They mightn't've known she'd refuse.

th の脱落ルール

them や their や that や there の th の
音は、しばしば脱落する。

*音声の聞き方については、「本書の使い方」（6 ページ）を参照してください。

　h の脱落ルールと同じように、th も頻繁に脱落します。特に、them が動詞の直後に来た場合によく生じます。その結果、them が em になり、em は語頭が母音ですから、直前の語がもし子音で終わっていると『子母密着』します。

例題　音声を何度も聞いて、空欄に 1 語ずつ書き込みなさい。その後、答え合わせが終わったら、音声に合わせて何度も大声で発音練習します。

1 I don't agree (　　　) (　　　　　　) (　　　).

2 You (　　　　　　　　　　) (　　　　　　　)
(　　　　　　) the truth.

3 (　　　　　　) (　　　　) (　　　　　　　　).

4 Bill's going to (　　　) (　　　) (　　　　　　　)
for a while.

5 There were (　　　　　) (　　　　) (　　　　　)
room.

■ 「アナッ・ポインッ」と聞こえます。

■ should've は既にやりました（☞⑩助動詞＋完了形）。「シュダヴ」か「シュッダ」になります。その次の部分が今回のポイントです。him は /im/ になりますが、them は /em/ になります。微妙なちがいですが /im/ と /em/ は音がちがいます。

■ 「食い下がれ・がんばれ」という決まり文句です。

■ up on the roof などと同じく「大ざっぱな方向」＋「場所」のセットです。

■ th が脱落して in ＋ at「イナット」という音に変化します。

解答

（読み上げた英語）

■ I don't agree (on) (that) (point).

■ You (should've) (told) (them) the truth.

■ (Hang) (in) (there).

　同じ意味で Hang on in there. とも言います。

■ Bill's going to (be) (in) (there) for a while.

■ There were (bears) (in) (that) room.

■ その点では同意できません。

■ あの人々には真実を話すべきでしたね。

■ 頑張れ！くじけるな。

■ しばらくの間は、ビルはそこにいるつもりです。

■ あの部屋にはクマが複数いた。

　次の会話で、男性の発言に対して女性の受け答えとして最も適切なものを1つ選びなさい。2回、男性の発言だけ流れます。

（女性の受け答え）

1 Yes, they were better than now.

2 Yes, more often than not.

3 Yes, it was far better than that.

解説

男性は何と言ったのでしょうか？特に最後の部分が重要です。

Was his score better than …?

この…の部分は、① now ② not ③ that のどれでしょうか？

better than / æt / と発音していますね。この / æt / が何かわかれば、答えがわかります。that の th が脱落したのでした。

解答

男性：Was his score better than that?

女性：**1** Yes, they were better than now.

　　　2 Yes, more often than not.

　　　3 Yes, it was far better than that.

日本語訳

男性：あの男子の得点はそれよりも良かったのかい？

女性：**1** はい、それらは現在よりも良かったです。

　　　2 はい、しばしばです。

　　　3 はい、それよりもはるかに良かったです。

and の短縮ルール

強調されない and は、→アン（an / ən /）
に音が短縮する。

さらに弱くなり、ン（n / n /）になって
しまうことも多い。

＊音声の聞き方については、「本書の使い方」（6ページ）を参照してください。

英国を代表するファストフードに fish and chips があります。（魚の）タラのフ
ライとフライドポテトの盛り合わせで、塩や酢をかけて食べますが、時々、fish' n'
chips と書かれているのでもわかるように、and は n に短縮してしまっています。
一般に and は、強調されるとき以外は、an または n という音だと覚えた方が、実
は実情に合っています。

例題 音声を何度も聞いて、空欄に1語ずつ書き込みなさい。その後、
答え合わせが終わったら、音声に合わせて何度も大声で発音練習
します。

1 (　　　　　　　), (　　　　　　　　　) (　　　　　　　)
(　　　　　　　　) sandwiches

2 (　　　　　　　) (　　　　　　) (　　　　　　　　　　)

3 a (　　　　　-　　　　　-　　　　　　) accident

4 (　　　　　) (　　　　　) (　　　　　　　　　) 🎧

81

■1米国で一番人気があると言われているサンドウィッチです。名前のとおり、ベイコンとレタスとトマトをはさみ込んだサンドウィッチです。頭文字を取って BLT とも呼ばれます。

■2そのままの意味のほか、「生活の糧・生計の手段・必須のもの」という意味でも使います。

■3野球用語でもありますが、一般の意味としては「ひき逃げの」という意味です。短い横の棒 (-) はハイフンと呼びますが、ハイフンが付いた語句は、必ず形容詞として、名詞の前に置いて使います。

■4「病気から治って元気になって」という意味の熟語です。発音は「アッパン・ナバウト」になります。up and around と言っても同じ意味です。

解答

■1 (bacon), (lettuce) (and) (tomato) sandwiches
■2 (bread) (and) (butter)
■3 a (hit-and-run) accident
■4 (up) (and) (about)

練習問題 ①　音声を何度も聞いて、空欄に1語ずつ書き込みなさい。その後、答え合わせが終わったら、音声に合わせて何度も大声で発音練習します。

■1 Every relationship (　　　　　) (　　　　　)
(　　　　　) (　　　　　).
■2 ATMs are (　　　　　) (　　　　　) (　　　　　).

3 I'm (　　　　) (　　　　) (　　　　　) of hearing this.

4 We (　　　　) (　　　　) (　　　　　). 🎧

(解　説)

1 アップスン・ダウンズは、「好調の時期と不調の時期」「良い時と悪い時」。

2 クイッケン・ニーズィーは、「手軽な」。

3 スィックン・タイアールドは、「うんざりの・飽き飽きした」。

4 ワン / wʌn / は one と won がある。

解答

1 Every relationship (has) (ups) (and) (downs).

2 ATMs are (quick) (and) (easy).

3 I'm (sick) (and) (tired) of hearing this.

4 We (played) (and) (won).

(日本語訳)

1 どんな恋愛関係にも良い時と良くない時がある。

2 ATM（自動出納機）は、手軽で便利だ。

3 そんなことはもう聞き飽きた。

4 私たちは試合をして勝った。

<table><tr><td>

実力
問題

次の会話で、女性の発言に対して男性の受け答えとして最も適切なものを1つ選びなさい。2回、女性の発言だけ流れます。

（男性の受け答え）

1 OK, thank you.

2 I'd like to stay in a comfortable inn.

3 I'm not on a diet now.

</td></tr></table>

解説

女性の発言を聞いて、自分の知らない単語が読まれているにちがいないと思った人もいるでしょう。でも全部、中学1年で出て来る語句です。「…の詳細」とか「裏も表も」といった意味の熟語が入っていました。the ins and outs です。

ins and outs が「インザナウツ」のような響きになっているのは、and → an に音変化したのちに『子母密着』するので、insanout になってしまうからです。

解答

<table><tr><td>

女性：Dr. Roberts will advise you on the ins and outs of investing.

男性：**1** OK, thank you.

2 I'd like to stay in a comfortable inn.

3 I'm not on a diet now.

</td></tr></table>

日本語訳

女性：ロバーツ博士が投資の裏表（詳細）について助言してくださいます。

男性：**1** はい、ありがとうございます。

2 心安らぐ旅館に滞在をしたいと思います。

3 今ダイエットはしていません。

助動詞の短縮ルール

気をつけたい主な助動詞の短縮ルールとしては、以下の 5 つがあります。

① 'll　② 've　③ 's　④ 'd　⑤ d'you

詳しく見ていくと、

① will が短縮されると→　　　'll

② have が短縮されると→　　　've

③ has か is が短縮されると→　　's

④ would か had が短縮されると→ 'd

⑤ （疑問文で）do you か did you

か had you が短縮されると→　d'you

*音声の聞き方については、「本書の使い方」（6 ページ）を参照してください。

　助動詞の短縮は、いったん聞き慣れればむずかしくはありません。何度も聞いて発音して練習すれば次第に慣れていきます。あなたにとってむずかしいところは、日本語では子音だけで成り立っている音がほとんど存在しないので（つまり日本語では子音は直後の母音とセットになっているという意味です）、英語で子音だけが単独で意味を持って登場しても（s とか d とか v とか）、雑音だとしてあなたの脳が、noise-canceling earphones みたいに自動的に排除してしまうことです。

例題 音声を何度も聞いて、空欄に1語ずつ書き込みなさい。その後、答え合わせが終わったら、音声に合わせて何度も大声で発音練習します。

1 (　　　　　) (　　　　　　　　　) hit the road.

2 (　　　　　) easy to see (　　　　　) (　　　　　　)
like to do.

3 If you (　　　　　　　　), (　　　　　　) (　　　　　　)
(　　　　) study one more year.

4 No one appreciates how much (　　　　　　)
(　　　　　　) so far. 🎧

解　説

1 これは I've got to get going. などと同じ意味の「立ち去り際での決まり文句」ですから、そのまま覚えましょう。

better は、/ t / が両側を母音にはさまれているので『②ラ変』です。「ベラー」です。

2 they like ではありません。よく聞いてください。

3 これも語尾の子音を慎重に聞き分けることが大切です。If you fail ではありません。you have to でもありません。

4 she done では文法的に成り立ちません。

解答

1. (I'd) (better) hit the road.

2. (It's) easy to see (what) (they'd) like to do.

3. If you (failed), (you'd) (have) (to) study one more year.

4. No one appreciates how much (she's) (done) so far.

日本語訳

1. もう帰らなくちゃいけません。

2. その人たちが何をしたいかは簡単に見て取れる。

3. もし仮に落ちたら、もう1年勉強しなければなりませんよ。

4. その女性が今までどれほど成し遂げてきたかを誰も正しく認識していない。

練習問題 1 音声を何度も聞いて、空欄に1語ずつ書き込みなさい。その後、答え合わせが終わったら、音声に合わせて何度も大声で発音練習します。

1. I (　　　　　　　　) (　　　　　　　　) better (　　　　　　) to cheat a friend.

2. (　　　　　　　　) (　　　　) fine.

3. (　　　　) (　　　　) (　　　　　　) done it?

■ 「～をするほどのバカではない」という意味を表すには、know better than to を用います。これに should が付くと「～をするほどのバカであってはいけない」の意味になり、さらに should know が should have known に変わると、過去の意味になります。つまり「～するほどのバカであってはいけなかったのだが…」という意味になります。日本でも有名な Wham! の大ヒット曲 Careless Whisper の中にもこの一節が出てきます。

■ that'll の発音には慣れる必要があります。そのためには自分で何度も発音する、そのときに / l / の発音に注意する、つまり舌を口の天井にしっかり付けることが大切です。この that'll は / ðætl / ですから『口変』になります。「ダロ」に近い音です。

■ do you が詰まると、d' you（ジュ）の発音になります（ユ変）。同様に、who has が who's に短縮し、発音は whose（誰の）と同じになります。

解答

■ I (should've) (known) better (than) to cheat a friend.

■ (That'll) (be) fine.

■ (D' you) (know) (who's) done it?

日本語訳

■ 友を裏切るなんて愚かなことは、私はすべきじゃなかったのに。

■ それでけっこうです。

■ 誰がそれをやったのか（犯人が誰か）、知ってる？

実力
問題 **1** 次の会話で、女性の発言に対して男性の受け答えとして最も適切なものを1つ選びなさい。2回、女性の発言だけ流れます。

（男性の受け答え）

男性：**1** Let me go and check it.

　　　2 I think he likes watching stars.

　　　3 *Coleslaw sounds good to me.

*発音は◎「コウルスロー」です。×「コールスロウ」ではありません。

　女性の発言では2箇所で「カルロ」と発音しているように聞こえますね。でも実際には女性は Carl, do you think the car will start? と言っていたのです。もっと音に忠実に筆記すると、Carl, d'you think the car'll start? です。do you が短縮して d'you「ジュ」、car will が短縮して「カルル」か「カルロ」です。そして car'll は Carl とまったく同音なのです。厄介ですね。

解答

女性：Carl, d'you think the car'll start?

男性：**1** Let me go and check it.

　　　2 I think he likes watching stars.

　　　3 Coleslaw sounds good to me.

日本語訳

女性：カールさん、車はエンジンが掛か〜ると思いますか？

男性：**1** ちょっと行って調べてみましょう。

　　　2 カールは星をじっと眺めているのが好きだと思うよ。

　　　3 コウルスローサラダがいいね。

実力問題 **2** 次の会話で、女性の発言に対して男性の受け答えとして最も適切なものを1つ選びなさい。2回、女性の発言だけ流れます。

（男性の受け答え）

1 Are you talking about the hijacking in Iran?

2 The terrorists are still in control of the plane.

3 I can't complain, thanks.

🎧

解説

　先頭の Hi Jack は「こんちはジャック」というあいさつ語であって、hijack「ハイジャックする」と音は同一ですが、その意味ではありません。そのあとは「ハウゼッ・ゴウイン」のように聞こえます。これは基本的なあいさつ語ですから、簡単にわかった人が多いと思います。女性が言っていたのは、「調子はどう？」という意味の how's it going? です。あえて直訳すると「状況はどのように進んでいますか？」です。短縮しないで書くと How is it going? ですが、これは必ず短縮した発音になるので How's it going? と記す方が正確です。it の t は、その直後が子音（g）ですから『呑み込み』のため、音が出ません。How's it going? は How're you doing? と同じくらい、挨拶の場面ではよく使われます。

　be 動詞の is は、短縮形では 's。一方、完了形を作るときに用いる助動詞の has も、短縮形は 's になって区別がつきません。音も同じです。慣れるまでは、なかなか厄介です。

解答

女性：Hi Jack, how's it going?

男性：**1** Are you talking about the hijacking in Iran?

2 The terrorists are still in control of the plane.

3 I can't complain, thanks.

日本語訳

女性：こんちはジャック。すべて順調？

男性：**1** イランで起きたハイジャックについて言っているのかい？

2 テロリストたちはまだその航空機を制圧している。

3 うん、すごくいいよ（文句なしに絶好調だよ）。

実力問題 **3** 次の会話で、男性の発言に対して女性の受け答えとして最も適切なものを1つ選びなさい。2回、男性の発言だけ流れます。

（女性の受け答え）

1 Your dream's coming true now.

2 I thought you were a tennis player.

3 Soccer and football are the same thing.

解説

英語を聞いているときには純粋に音だけを聞いているわけではありません。頭の中で無意識にではあっても、これが主語、これが動詞、これが目的語と、文の要素を確認・判別し、切り分けながら聞いています。この下線部は、I'd の後ですか

ら「動詞の原形」か「過去分詞」が来ます。つまり I'd が I would なら、直後は「原形」になり、I'd が I had なら直後は「過去分詞」（had ＋過去分詞で過去完了形）になります。I'd は音が同じなので、直後に来るものを聞いた後ではじめて would だったのか、それとも had だったのかがわかる、ということになります。

ここでは thought（過去分詞）と言っていますから、had thought で過去完了形だったのです。

しかしながら thought / θ ɔːt / という語は、日本人にはどうも聞き取りにくい音です。「ソート」という響きではありません。何度も聞いて音の感触を確かめて何度も発音をまねしてみてください。

それから I'd と I'll の音のちがいにも敏感になる必要があります。次の 2 つの英文を聞き比べると微妙な音のちがいがはっきりします。

① **I'd** be a soccer player.
② **I'll** be a soccer player.

この男性の発言で重要なのは、I'd always の d の音が聞き取れるか、というところです。聞き取りは、ひたすらトレイニングを積むことによって可能になります。あなたが何才であっても遅すぎるということはありません。集中して聞いて、自分でも何度もまねして発音しているうちに、ある日くっきりはっきりと聞こえるようになります。

後半の I'd be a は、I'd の d が『呑み込み』によって音が呑み込まれて、出ません。I be a のように聞こえます。でも I be... という形はふつう英語にはありませんから、そこには何かが生じているのだろうと（聞こえた瞬間に反射的に）気づきます。

解答

男性：When I was small, I'<u>d</u> always thought I'<u>d</u> be a great soccer player.

女性：**1** Your dream's coming true now.

2 I thought you were a tennis player.

3 Soccer and football are the same thing.

（日本語訳）

男性：子供の頃いつでも、将来サッカーの大選手になるぞって思っていたよ。

女性：**1** あなたの夢、叶いつつあるわね。

2 あなたはテニスの選手だと思っていたわ。

3 サッカーとフットボールって同じものなのよ。

ワナのルール

....
want to と want a はワナという音に変化する
....

＊音声の聞き方については、「本書の使い方」（6 ページ）を参照してください。

　この『ワナのルール』は日本人にもよく知られているので、あなたもきっと知っていたと思います。少し細かく見ていきます。

　『ワナのルール』の基本は以下のとおりです。

---

　①動詞 want の直後に to 不定詞が来ると『⑤ナ変』になり、want の t が脱落して詰まり「ワナ」という音になる。

　②動詞 want の直後に冠詞の a が来ると『⑤ナ変』になり、want の t が脱落して詰まり「ワナ」という音になる。

　③動詞 want の直後に弱母音から始まる語（例えば it, an, (h)im, (h)er など）が来ると『⑤ナ変』になり、want の t が脱落して詰まる（次ページの「ワナのルールの応用形」を参照してください）。

---

　want の語尾は /--nt/ ですから、直後に弱母音が来れば、すぐさま『ナ変』になります。want 自体が使用頻度のとても高い語ですから『ワナのルール』には十分慣れておく必要があります。米国の TV ドラマや映画などを見れば、1 分間に 2 〜 3 回くらいは出てきます。

『ワナのルール』の応用形

① want to	ワナ	⑤ want it	ワネッ（ツ）
② want a	ワナ	⑥ want (h)er	ワナー
③ want an	ワナン	⑦ want (h)im	ワニム
④ wanted	ワネッ（ド）		

【ワナのルールの応用形の解説】

①②と⑥の音のちがいは微妙です。⑥の方が母音が少し長いのと、最後に / r / の響きがある点で、①②とはちがっています。

④と⑤は、それぞれ最後の破裂音 / d // t / が呑み込まれたときには、音が同じになってしまいます。

例題 音声を何度も聞いて、空欄に１語ずつ書き込みなさい。その後、答え合わせが終わったら、音声に合わせて何度も大声で発音練習します。

1 Do you (　　　　　) (　　　　) have (　　　　　)
(　　　　　)?

2 Andy didn't (　　　　　) (　　　) (　　　　　).

3 Andy didn't (　　　　　) (　　　) be
(　　　　　).

(解　説)

1 Do you が D'you に短縮しています。それから so<u>me m</u>ore は m の音が隣り同士に並んでいるので『吸い込み』になり、１回しか発音されません。

2 want to rest でも want a rest でも発音は同じで、意味も同じですが to rest は

不定詞になり、a rest は名詞になります。

3 be（原形）が続くので want to です。arrested は a rest とちょっと音が似ています。

> **解答**
>
> 1 Do you (want) (to) have (some) (more)?
> 2 Andy didn't (want) (to / a) (rest).
> 3 Andy didn't (want) (to) be (arrested).

(日本語訳)

1 もう少し食べたいですか？
2 アンディは休みたくなかった。
3 アンディは逮捕されたくなかった。

練習問題 ① 音声を何度も聞いて、空欄に1語ずつ書き込みなさい。その後、答え合わせが終わったら、音声に合わせて何度も大声で発音練習します。

1 Everybody (　　　　　　　　) to sleep.
2 Ted* wanted to (　　　　) (　　　　) of the
danger.
3 I really (　　　　) (　　　　).

解説

1 wanted / wɑntid / は / n ＋ t ＋ id /、つまり『ナ変』の条件がそろっているので、n の音が脱落して、「ウワネッド」になります。

2 wanted と warn Ned は音が似ています。ちがいをよく聞き比べてください。

3 これは英語の聞き取りの超基本語句ですから、すぐにわからないと困ります。

解答

1 Everybody (wanted) to sleep.

2 Ted wanted to (warn) (Ned) of the danger.

3 I really (want) (it).

＊ Ted と Ned はともに男性の名前です。人名はいつでも強くはっきりと発音します。

日本語訳

1 みんな寝たかった。

2 テッドはネッドにその危険性について警告したかった。

3 私は本当にそれが欲しい。

実力問題 次の会話で、男性の発言に対して女性の受け答えとして最も適切なものを 1 つ選びなさい。2 回、男性の発言だけ流れます。

（女性の受け答え）

1 No, she doesn't.

2 Smoking marijuana is illegal here.

3 Mary is violating the law.

　男性は 2 回「マリワーナ」（日本語ではマリファナ）と言った、と思った人がいるかもしれませんが、1 回しか言っていません。marijuana という語は、「マリファナ」ではなくて「メリワーナ」のように英米人は発音します。しかし、Does marijuana smoke marijuana? ではまったく意味が成り立ちませんから、男性は何かちがうことを言ったはずです。

　男性が言ったのは、Does Mary want to smoke marijuana? でした。Mary は「メリー」、want to が「ワナ」ですから、つながって「メリワーナ」に聞こえてしまうのです。『ワナのルール』を知らないともうお手上げですね。

解答

　男性： Does Mary want to smoke marijuana?

　女性： **1** No, she doesn't.

　　　　 2 Smoking marijuana is illegal here.

　　　　 3 Mary is violating the law.

日本語訳

　男性：メアリーはマリファナを吸いたいのですか？

　女性：**1** いいえ、吸いたいと思っていません。

　　　　2 マリファナを吸うのはここでは非合法です。

　　　　3 メアリーは法を犯しています。

ゴウナのルール

going to → ゴウナ（または、ガナ）に変化する

＊音声の聞き方については、「本書の使い方」（6 ページ）を参照してください。

is〔are / am〕going toは、主に「〜をするつもりでいる」という「主語の心積もり」を表したり、「必ず〜することになる」という「必然的結果」を表す未来表現です。

「ゴウナ」は、米国人がしゃべれば 10 秒に 1 回は出てくるくらい頻度の高いものです。「ゴウナ」は going to のことですが、いつでも be going to を「ビー・ゴウイング・ツー」と発音していると逆に変な感じがします。

より発音に忠実に記せば be gonna ですが、大学入試や公式の書類の場合には、gonna という綴りはまだ市民権を得ていませんので、避けなければなりません。

例題 音声を何度も聞いて、空欄に 1 語ずつ書き込みなさい。その後、答え合わせが終わったら、音声に合わせて何度も大声で発音練習します。

1 Heather's (　　　　　) (　　　) go to the party tonight.

2 Are you (　　　　) (　　) (　　　　) all day?

3 Sylvia (　　) (　　　　　) (　　　) Miami this week.

99

■ Heather /héðɚ/ は女性の名前です。米国人のパーティー好きは常軌を逸した ものすごいものがあり、羽目の外し方も、これまたすごいです。きっと後世の歴 史家たちは、「20 〜 21 世紀の米国では、人々はパーティーという奇妙なものに憑 りつかれていて、みんなで集まっては、大量の酒（や薬物）を飲んで、夜遅くまで、 音楽に合わせて奇妙に体をくねくねさせていた（＝ダンス）」と記述すると思いま す。

②いいかげんに起きなさい、と言うときの表現です。

③マイアミは美しい都市です。Miami Beach, Coral Gables, Key Biscayne…などを ぜひ訪問してもらいたいと思います。「行く」という意味の動詞 go の進行形の「be going to 場所」では「ゴウナ」にはなりません。「ゴウナ」になるのは「〜するつもり」 の意味のときだけです。

解答

■ Heather's (going) (to) go to the party tonight.

② Are you (going) (to) (sleep) all day?

③ Sylvia (is) (going) (to) Miami this week.

日本語訳

■ ヘダーは今晩のパーティーに行くつもりだ。

② いつまで寝ているつもり？

③ シルビア（正しくはスィルヴィア / sílviə/ ）は、今週マイアミに行くつもりだ。

実力
問題　次の会話で、女性の発言に対して男性の受け答えとして最も適切なものを1つ選びなさい。2回、女性の発言だけ流れます。

（男性の受け答え）

1 I was going to say that.

2 I want to travel around China.

3 Japan does lots of trade with China.

解説

　女性は China's going to have trouble dealing with the trade war with the U.S. 「中国は米国との貿易戦争に対処するのにきっと苦労するわね。」と言っていました。China is going to have…は、まず is が短縮して China's になり、going to の発音が「ゴウナ」になります。

解答

女性：China's going to have trouble dealing with the trade war with the U.S.

男性：**1** I was going to say that.
　　　2 I want to travel around China.
　　　3 Japan does lots of trade with China.

解説

　1 I was going to say that. は「私もそれを言おうと思っていた」→「あなたが今言ったことに全く同感です・まさにあなたの言う通りです」=You can say that again. =You said it. という会話表現です。was going to のところが必ず「ワズ ゴウナ（ガナ）」になります。

2 travel と trouble の発音のちがいに悩む人は、母音に注意してみてください。

① travel は / æ /（ウシガエルがつぶれたときのア）で、
② trouble は / ʌ /（ゲップが出るときのア）です。
①の母音 /æ / の方が②の母音 / ʌ / よりもかなり長いです。

もちろん、子音の / v / と / b / もちがいます。

女性：中国は米国との貿易戦争に対処するのにきっと苦労するわね。
男性：１ まったくそのとおり。
　　　２ 中国を旅したいなあ。
　　　３ 日本は中国との貿易が盛んだね。

ナッガナのルール （not going to の変化）

ナッガナのルール

not going to

→ ナッ・ゴウナ → ナッガナに変化する。

＊音声の聞き方については、「本書の使い方」（6 ページ）を参照してください。

be going to の否定形の be not going to は、「ビ・ナッガナ」という発音になります。これを知らないと英語圏に着いたその日から聞き取りに困ることになります。にもかかわらず、日本人学習者でこの『ナッガナのルール』を知っている人の数が圧倒的に少ないのはなぜ？？と指摘してから、はや 20 年。未だに知らない人が多いのは、なぜだっ？

例題 音声を何度も聞いて、空欄に 1 語ずつ書き込みなさい。その後、答え合わせが終わったら、音声に合わせて何度も大声で発音練習します。

1 I'm (　　　　) (　　　　　　　) (　　　　) (　　　　　)
(　　　　) all over again.

2 Jackie was (　　　　) (　　　　　　) (　　　　) call
Fred any more.

3 Nicky's (　　　　) (　　　　　) to (　　　　) (　　　　)
(　　　　　　).

---

1 all over again は『①子母密着』ですべてつながります。

2 人名の聞き取りには注意です。Jackie と Fred と Nicky。Jackie は Jacqueline の愛称。

was not going to 〜は「もう〜はするつもりはなかったのだが…（〜してしまった）」という意味です。

3 not going to と Nagano（長野）の音が似ています。

解答

1 I'm (not) (going) (to) (do) (it) all over again.
2 Jackie was (not) (going) (to) call Fred any more.
3 Nicky's (not) (going) to (go) (to) Nagano next week.

日本語訳

1 もう一度それを初めからやり直す気はない。
2 ジャッキーは、もうフレッドには電話をしないと思っていたが…
3 ニッキーは、来週は長野には行かないつもりです。

実力問題

次の会話で、男性の発言に対して女性の受け答えとして最も適切なものを1つ選びなさい。2回、男性の発言だけ流れます。

（女性の受け答え）

1 It's rude to go into the room without knocking.

2 But you did, right?

3 I often hear a knocking sound in my car's engine.

I was not going to knock on her door again…と言っていたのでした。「その女性の家のドアはもう二度とノックしないぞと思っていた…」という意味です。was not going to / were not going to は「〜しないぞと思っていたが、しかし…」という文脈で使われる会話表現の代表格です。

解答

男性：I was not going to knock on her door again…

女性：**1** It's rude to go into the room without knocking.

　　　2 But you did, right?

　　　3 I often hear a knocking sound in my car's engine.

日本語訳

男性：彼女の家のドアはもう二度とノックしないぞと思っていたんだけど…

女性：**1** ノックもしないで部屋に入るのは失礼よ。

　　　2 でも結局、またノックしちゃったってわけね？

　　　3 うちの車はよくノッキングを起こすわよ。

ガラのルール

got a と got to はガラと発音する

*音声の聞き方については、「本書の使い方」（6 ページ）を参照してください。

『ガラのルール』一覧表

① have got a	→ 've got a（ヴ・ガッタ）	→ ヴ ガラになる
② have got to	→ 've got to（ヴ・ガッタ）	→ ヴ ガラになる
③ has got a / has got to	→ 's got a [to]（ズ・ガッタ）	→ ズ ガラになる

　英語では have got は have と同じ意味で、has got は has と同じ意味です。たとえば、I've got no money. ＝ I have no money. ということです。したがって、have got to は have to と同じ意味、ということになります。たとえば、I've got to leave now. ＝ I have to leave now. です。

　さて、上の①②③とも『ラ変』が生じています。

　『ラ変』とは、たとえば water の t は、両側を母音で挟まれるために、ter の音は、タ行（ター）ではなく、日本語のラ行（ラー）に変化して、その結果 water が「ウワーラー」になってしまうルールでした。『ガラのルール』でも『ラ変』が起こっています。

例題　音声を何度も聞いて、空欄に1語ずつ書き込みなさい。その後、答え合わせが終わったら、音声に合わせて何度も大声で発音練習します。

1（　　　　　　）（　　　　　）（　　　　　）（　　　　　　　　）
science harder.

2（　　　　　）（　　　　　　）（　　　　　）（　　　　　　　　）just
like this.

3 Joe hasn't（　　　　　）（　　　　　）work permit.

4 Have you（　　　　　）（　　　　）（　　　　　　　　）
idea?

（解　説）

1 study が動詞ですから、① have got a ではなくて、② have got to の方です。ただし have は短縮形ですが。

2 英米人の人名は慣れないと聞き取りにくいです。綴りは Ann と Anne、両方あります。

意外に coat /kout/「外套」が聞き取れない人がいます。日本語では「コート」ですが、英語は「コウㇳ」です。catch の過去形・過去分詞の caught / kɔ:t / ではありません。しかも / ou / の発音はイギリス人は口を閉じ気味に発音するので、日本語のオウとは大分ちがう音になります。

3 否定文でも『ガラのルール』は同じで、直後に動詞が来れば② got to ですが、ここは直後が名詞なので① got a の方です。work permit は「労働許可証」、つまり名詞です。ここの work は「働く」ではなく「労働」です。

全体としては、Joe doesn't have a work permit. と同じ意味です。

4 疑問文でも『ガラのルール』は同じで、直後が名詞「より良い考え」(a better idea) ですから、この「ガラ」は① got a です。better は『ラ変』になります。

全体としては、Do you have a better idea? と同じ意味です。

解答

1 (I've) (got) (to) (study) science harder.
2 (Ann's / Anne's) (got) (a) (coat) just like this.
3 Joe hasn't (got) (a) work permit.
4 Have you (got) (a) (better) idea?

日本語訳

1 もっと真面目に理科を勉強しなくっちゃ。
2 アンはまさにこれと同じような外套を持っている。
3 ジョウは労働許可証を持っていない。
4 もっといい考え、ある？

実力問題 　次の会話で、女性の発言に対して男性の受け答えとして最も適切なものを 1 つ選びなさい。2 回、女性の発言だけ流れます。

（男性の受け答え）

1 Oh, are you leaving?
2 You are welcome.
3 You can get anything.

【解説】

　女性の言葉が「アイヴ ガラゲッ…」のように聞こえたら、あなたの耳は確かです。もちろん「ガラ携」ではありません。この「ガラゲッ」って何でしょうか？「ガラゲッ」は、英会話では毎度聞こえて来るのですが、馴染みのない人にとっては、まるでちんぷんかんぷんだと思います。

　女性が言っていたのは、I've <u>got to get</u> going now.「もう行かなくっちゃ・帰らなくっちゃ」です。I must be going now. とか、I have to leave now. とか言っても同じ意味です。下線部がガラゲッの正体です。

　I've のところは、v の音がすごく弱いので注意しないと聞こえないかもしれません（そもそも発音しないネイティヴも多い）。

　次の got to のところが『ガラのルール』です。「ガッツ・ツー」ではなくて「ガラ」という音になってしまいます。got to は「ガラ」と覚えます。

【解答】

女性：I've got to get going now.
男性：**1** Oh, are you leaving?
　　　2 You are welcome.
　　　3 You can get anything.

【日本語訳】

女性：もう行かなくちゃ。
男性：**1** え、帰るのかい？
　　　2 いいえどういたしまして。
　　　3 何を取ってもいいんだよ。

カオナシのア / ə / のルール

アクセントのない弱い母音（弱母音）は
どれも、

①カオナシのアに変化する。そして、

②さらに長い年月を経ると、音 / ə / 自
体が消える。

*音声の聞き方については、「本書の使い方」（6 ページ）を参照してください。

　カオナシとは、日本の名作アニメ映画「千と千尋の神隠し」（スタジオジブリ製作）の中に登場する、日本人に一番人気のある、弱気なキャラです。湯屋に来たお客に「ア…」と内気な声を出しながら、手のひらに金貨を出して、与えようとする猫背の人？で、長い黒服を着ています。あの物憂げなカオナシが発する「ア…」が / ə / です。

　口をだらしなく半開きにしてください。そのまま声を出します。すると「ア」だか「ウ」だか「オ」だかよくわからない弱い音が出ますね、それが『カオナシのア / ə / 』と私が命名した音です。「Inverted "e"」（ひっくり返った e）とか shwa（シュワー）とか呼ぶ人もいます。

　この「カオナシのア」の音を発するのは簡単ですが、英語の中の適切な箇所でこの『カオナシのア』を発音できるかどうかは、また別問題です。

　アクセントのない（つまり、弱く発音する）母音は、（年月を経て）すべて『カオナシのア』に収束し、そしてさらに長い年月を経て、やがては消えていく、というのが『カオナシのアのルール』です（「英語の大母音推移」とも言います）。なんとなく切ない感じがします。

例題　音声を何度も聞いて、空欄に１語ずつ書き込みなさい。その後、答え合わせが終わったら、音声に合わせて何度も大声で発音練習します。

1 Could you explain these (　　　　) (　　　　) me?

2 (　　　　　　) of us (　　　　　) (　　　　　　) waiting (　　　　) you.

3 How (　　　　　) you (　　　　　)?

4 George threw the ball (　　　) me, (　　　　) (　　　) me.

解　説

『カオナシのアのルール』を知らないと、この問題はかなり困ると思います。

ひょっとしてあなたは、どんな場合でも、two と to は同じ音であり、four と for も同じ音であり、been はいつでも bean（豆）と同じ発音で、have はいつでも「ハヴ / hæv /」だと思っていたのではないですか？でも現実はまったくそうではありません。

以下に、注意すべき基本的な音変化ルールをまとめておきます。

重要	『カオナシのア』が関係する一般的な音変化

・前置詞の to は「タ」　　　×「ツー」ではない。
・前置詞の for は「ファ」　　×「フォア」ではない。
・過去分詞の been は「ベン」　×「ビーン」ではない。
・助動詞の have は「アヴ」　　×「ハヴ」ではない。

【上の例外】

　上の to, for, been, have などが何らかの理由で「強調されるとき」には、はっきりした発音にする必要があるので、日本人が通常想定している発音（上の×の発音）になります。

　強調される場合とは、

1 対比・対照的に用いられる

2 文尾に来る

などの場合です。

(解　説)

　1 two は「ツー」、to は「タ」が基本。ここでの to は直前の two が母音で終わっているので『ラ変』になって、to は「ラ」のような音になる。したがって two to me は「ツー・ラ・ミー」。

　2 four は「フォア」、for は「ファ」。been は「ビン・ベン」。waiting は『ラ変』になって「ウエイリン_グ_」。

　3 現在完了進行形の been は「ビン・ベン」のように弱い音。豆の bean は「ビーン」のような強い音。この 2 つはちがう音です、注意。

　4 throw a ball at ～は「人を狙って球を投げる」。throw a ball to ～は「人の方向に球を投げる」。at と to とが対照されているので、どちらも強調されて強く発音されます。したがってここの to は「ツー」。

1 Could you explain these (two) (to) me?

2 (Four) of us (have) (been) waiting (for) you.

3 How long (have) you (been) growing these (beans)?

4 George threw the ball (at) me, (not) (to) me.

112

(日本語訳)

1 この2つを私に説明していただけませんか?

2 我々4人はずっとあなたのことを待っていたのです。

3 どのくらいの期間、あなたはこの豆を栽培してきたのですか?

4 ジョージはボールを私の方向に投げたのではなく、私を標的にして投げてきたのだ。

練習問題 1 （カオナシの消滅）音声を何度も聞いて、空欄に1語ずつ書き込みなさい。その後、答え合わせが終わったら、音声に合わせて何度も大声で発音練習します。

1 (　　　　　　　　　) (　　　　　　　　　　　　) problems

2 (　　　　　　　　　　　) housewives

3 We had to (　　　　　) all the (　　　　　　　).

4 Is (　　　) (　　　) (　　　　　) island or in the sea?

(解説)

1 ふつう日本人は several を「セベラル」と発音して、ネイティヴにはまったく通じないことに気づきます。本当は sev + ral、つまり「セヴ」+「ロー」です。「ロー」のところは、すでにやった『③エルがオ変』です。「+」のところには音がない!!これが今回のポイントです。

「英語の綴りをローマ字で読んでしまう」というのが日本人の犯しがちな根本的な間違いですが（ローマ字というのは、カタカナと同じで、日本語を表記するための手段です。英語とは関係ありません）、several は綴りには e があるのに、現実には音がないのです。complicated も compl「カムポー」+ cated「ケイレッド」

という音で、ど真ん中の i のところには音がない！ここが注意すべきところです。

　2 desperate「デスプ」＋「ラット」(/desp/ + /rət/) は、ど真ん中の e の音はありません。

　3 「スクラップ」(sukurappu) と日本人は発音しますが、実は下線部分の３つの u は、英語では音がありません。scrap / skræp / です。同様に、「テキスツ」(tekisutsu) ではなくて、texts / teksts / です。下線のところには音がありません。

　4 これも重要項目です。「常識を疑え」という教訓ですね。つまり、on と an は、音の点ではまったく同じなのです。どちらも「アン」、すなわち /ən / です。on が「オン」で an が「アン」ではありません。そう覚えていたあなた、まちがっていますよ。どちらも同一の音、「カオナシのア /ə/」です。
　on an island は『子母密着』の二連発です。

解答

1 (**several**) (**complicated**) problems

2 (**desperate**) housewives

3 We had to (**scrap**) all the (**texts**).

4 Is (**it**) (**on**) (**an**) island or in the sea?

日本語訳

1 数個の複雑な問題

2 やけくそな妻たち（昔、米国で人気だった TV ドラマの題名）

3 それらの文書はすべて廃棄しなければならなかった。

4 それって島にあるの、それとも海にあるの？

練習
問題 ②　音声を何度も聞いて、空欄に 1 語ずつ書き込みなさい。その後、答え合わせが終わったら、音声に合わせて何度も大声で発音練習します。

1 I just (　　　　　　　) (　　　　) it.

2 You (　　　　) (　　　　　　　　) any time.

(解　説)

あなたはひょっとして「can はいつでも「キャン」だ」と思ってはいませんでしたか？それはアメリカ英語でもイギリス英語でも正しくありません。

そんなあなたのために、can の発音に関してここにまとめておきました↓

【まとめ】can の発音

	can	cannot	can't
アメリカ	クン　　kʌn	キャナット　kænɑt	キャーント　kænt
イギリス	キャン　kæn	キャナット　kænɑt	カーント　kɑːnt

【can の発音の解説】

アメリカ：

・肯定形（can）は、「クン / kən /」 ✎重要！

・否定形（cannot と can't）は、

　　　cannot は「キャナット /kænɑt/」

　　　can't は「キャーント /kænt/」。

　　　（語尾の t が『呑み込み』のことあり）

イギリス：

・肯定形（can）は、「キャン /kæn/」

・否定形（cannot と can't）は、

　　　cannot は「キャノット /kænɑt/」

can't は「カーント /kɑːnt/」。重要！

（語尾の t が『呑み込み』のことあり）

★なお、この本の音源の吹込み者はアメリカ人です。

1 can't の t が、直後が子音（d）のため『呑み込み』で音が出ません。でも can 「クン / kən /」ではなく can't「キャン /kæn/」と発音していますから、否定形だとわかります。

2 こちらは「クン / kən /」ですから、can です。

解答

1 I just (can't) (do) it.

2 You (can) (leave) any time.

日本語訳

1 私にはそれはできないですよ。

2 君はいつでも退出していいですよ。

実力問題　次の会話で、女性の発言に対して男性の受け答えとして最も適切なものを 1 つ選びなさい。2 回、女性の発言だけ流れます。

（男性の受け答え）

1 Four hours! Unbelievable!

2 Did they really work for us?

3 They must've been exhausted.

【解説】

　女性の発言を聞いて、「これはやさしい、十分に聞き取れた」と思った人が多かったかもしれません。でも正しく聞き取れている人はおそらくまれなのです。

　聞き取りのポイントを2つ指摘します：

① worked（働いた）なのか、それとも walked（歩いた）なのか？

② four hours（4時間）なのか、for hours（何時間も）なのか？ それとも for ours（私たちのもののために？）なのか？

もう1回女性の発言を聞き直してみてください。

女性が言っていたのは、

They'd walked for hours before finally finding the house.

でした。worked ではありません。walked です。

　work と walk の音のちがいを勘ちがいしている人が多くいます。イギリス音の場合は work が「ワーク」で walk が「ウオーク」でいいでしょうが、アメリカ音ではそうではありません。アメリカ音では、どちらもカタカナで書くとすれば「ワーク」になってしまいます。ここが厄介なところです。

　では、米国人はこの2つの語をどう区別して発音しているのでしょうか？

　答えは音の響きです。「明るく開放的」か「暗くこもっている」かです。

・walk / wɔːk / の母音は「明るく開放的」なアーで、ほとんど /wɑːk/ と同じです。

・work / wəːk / の母音は「暗くこもった」アーです。

次の3つの文を聞き比べて自分の耳で納得してください：

1 I'm <u>walking</u> now.

2 I'm <u>working</u> now.

③ I <u>walk</u> to <u>work</u> every day.

次の問題は、<u>for</u> hours（何時間も）なのか、それとも <u>four</u> hours（4時間）なのかです。

for hours の for は前置詞 ➡ 必ず弱いファ / fə / になる
four hours の four は数詞 ➡ 必ず強いフォア / fɔɚ / になる

繰り返しますが、カオナシのア / ə / はだらしなく口を少し開けて、物憂げに、やる気なさそうに弱くアと言ったときに出てくる音です。

解答

女性：They'd walked for hours before finally finding the house.
男性：① Four hours! Unbelievable!
　　　② Did they really work for us?
　　　③ They must've been exhausted.

日本語訳

女性：その人たちは遂にその家を見つけるまでに何時間もずっと歩いたのよ。
男性：① 4時間だって？信じられない！
　　　② その人たちは本当に私たちのために働いたのかい？
　　　③ 疲れ切っちゃったにちがいないよね。

＊あなたは英語を
＊「カタカナで聞いている」
＊のでしょうか？

　あなたは相手のしゃべる英語がうまく聞き取れません。なぜでしょうか？その根源的な原因は、端的に言ってしまうと実もふたもないのですが、あなたが「日本語で英語の音を聞いている」からです。言い換えると「日本語の音を使って、英語の音を処理しようとしている」からです。「カタカナで英語の音を聞いている」と言ってもいいでしょう。そこが最大の欠陥になっているのです。でも「カタカナで英語の音を聞く」というのはどういうことなのでしょうか？

＊英語では
＊単独の子音も
＊音の最小単位

　日本語はいわゆる 50 音で形成されていますね。幼稚園や小学校の教室にひらがな 50 音の一覧表が貼ってあったのを記憶している人も多いと思います。あ行の母音 5 つ（あいうえお）から始まって、か行、さ行…と進んで行き、最後はわ行の「を」まで 5 段 × 10 行で 50 音、そのあと「ん」で終わります。。本当は抜けている所があったり、が行、ざ行、だ行…、ぱ行、ぴゃ行、しゃ行、じゃ行、みゃ行、ひゃ行、びゃ行…などもあるので、厳密には 50 音ではありませんが、これが日本語の音の基本単位を形成しています。一方、英語では音の単位がちがいます。最大のちがいは、英語では「子音だけでも独立した 1 つの音の単位になっている」ということです。日本語では、原則として子音は、子音＋母音になって初めて音の単位になります。例えば、k だけでは音として意味を持たず、直後に a,i,u,e,o がくっついて初めて、か・き・く・け・こという日本語の音の単位になります。

＊ 単独の子音だけ
＊ 聞こえると、
＊ 雑音として排除される

　このちがいは問題を引き起こします。英会話しているときに単独の子音が聞こえると、あなたの脳はそれを雑音として自動的に排除してしまうのです。道端で日本語で会話している時に、車道から自動車のタイヤのきしむ音が聞こえても、あなたの脳がそれを相手の発言からは切り離して処理できるのと同じです。または、会話相手が歯に食べ物カスが引っ掛かっていて、または歯医者に歯を抜かれたばかりで、「シーフースー」といった摩擦音をたっぷり立てながら（日本語で）おしゃべりしていたとしても、あなたは（多少不快に、または滑稽に感じるかもしれませんが）、相手の言うことは十分理解できますね。それはこの自動装置が働いていて、相手のシーフースー音を自動的に選り分けて排除できるからです。ノイズキャンセリングのヘッドフォンみたいな機能です。

　しかし、英語を聞いている時にこの自動排除装置が働くと困ったことになります。Tokyo Disney Resort に Splash Mountain という乗り物があります。最後に小舟が水の中へ滑走する人気の乗り物です。この splash の最初の 3 音は子音の連続です。1 つ目の s と 2 つ目の p の直後には母音がありません。したがって日本人にとってはこの s と p の音をしっかり聞き取るのが難しくなります。雑音として排除されてしまうからです。

　雑音として処理されてしまうのは、母音を前後に伴わない単独の子音ばかりではありません。「そもそも日本語には存在しない子音」も、無関係な雑音として排除されてしまう可能性があります。たとえば th の音は日本語にありませんから、相手が truth と言っても、語尾の th の音は排除されて true に聞こえてしまったりします。

＊日本語にない音は、
＊日本語の類似音に
＊置き換わる傾向がある

　しかし、あなたの脳が日本語にない英語音を処理するときに一番起りそうなのは、日本語の類似音に無意識に置き換えてしまうことです。たとえば、v という子音は日本語にはありませんから、響きが似ている b の音に置き換わってしまいがちです。Vicky loves convenience stores. が「ビッキー・ラブズ・コンビーニ…」になってしまいます。

　それはそれでいいじゃないかと思う人もいるかもしれません。しかし英語の聞き取りにおいては、重大な問題になります。v と b の音のちがいで全くちがう単語になってしまうこともあるからです。banish / vanish や、ban / van や、beer / veer や bow / vow や、bet / vet や、curb / curve などたくさんあります。日本語に存在しない英語音を習得することは、だから大切なことです。

＊ カタカナ発音とネイティヴ発音とが
＊＊ 懸け離れすぎているので
＊＊ 聞き取れない

　英語の母音についても同様のことが起こっています。母音（あいうえお）の中で、日本語と一番ちがっていて聞き取りにくいのはダントツで「あ」の音です。なぜかと言うと、英語の「あ」は5〜6種類もの異なる音がある（！）からです。

　hat（帽子）と hot（熱い）と hut（小屋）は聞こえたままカタカナで書くと、全部「ハット」と書けそうですが、この3つのアはちがう音です。

　また、curl（巻く）と Carl（カールさん）と call（電話する）もカタカナでは全部「カール」と書けそうですが、3つとも全くちがうアーです。

　さらに事態を厄介なものにしているのは、日本語の母音のあいうえおは、万国共通だと思っていたかもしれませんが、そうではないのです。言語によって母音の区分けがちがうのです。つまり、のどから口の外へと音が出て行くときに舌や歯や歯茎や唇などに邪魔されなければ母音と分類されますが、その音を、日本語ではあいうえおの5つに分割している、というわけです。言語がちがえば、分割の仕方も微妙にちがってくるのは自然でしょう。その結果、英語ではたとえば box と bucks と books の3語は、日本人には音が似通って聞こえて、その区別が難しくなります。カタカナ英語では、「ボックス」「バックス」「ブックス」ですから、明らかにちがっていて、まちがいなど起こらなそうに思われますが、box は日本語の「あ」と「お」の中間の音、bucks は「あ」と「う」の中間の音、books は「う」と「お」の中間の音のような響きです。

＊50音図で
＊英語の音に挑むのは
＊大きなまちがい

　これらすべては、あなたが日本語の音の体系（50音図）をそのまま使って、それで英語の音を処理しようとしている所からくる障害です。その結果、あなたの頭の中にインプットしてある英語の音（カタカナ英語）と実際の英米人の英語の音とが、信じられないくらいまで乖離してしまったということです。

　日本語では、ほとんどの場合、母音の次には子音が来て、その次には母音が来て、といった感じに子音と母音が交互に現れますが、英語では、母音抜きで子音の連鎖が頻繁に起こります。

　米国に行ったけど、McDonald's ということばさえも通じなかったという感想は今までたくさん日本人から聞きましたが、McDonald's /məkdánldz/ とマクドナルド（makudonarudo）とでは母音の数が2対6ですから、同じ単語とは思えません。通じなくて当たり前です。相手があなたの英語を理解できないとき、あなたも相手の英語を理解できません。双方の英語の音が死ぬほどかけ離れているからです。

＊日本人も米国人も
＊お互いをとんでもない
＊早口だと思っている

　多くの日本人から、どうして英米人は英語をあんなにも速くしゃべるのかという苦情？を聞くことがあります。反対に何人もの（在日の）英米国人からは、日本人はどうしてあんなにも機関銃のように日本語を速く話すのかという声を聞きます。双方、同じようなことを言っているのです。

　私が考えるに、その理由の一つは、日本人は英語を聞きながら、無意識に子音を数えているのではないでしょうか？子音が来れば次は母音が必ず来て、それが1個の音の単位を形成するという感覚が骨の髄まで染み込んでいますから。だから McDonald's と言う語を聞くと「6個の子音だ、長い語だ。あれ？でもすごく速く発音している」と感じるのではないでしょうか。

　一方、英米人は、語の基軸である母音を数えていると思います。たとえば東京の山手線に高田馬場という駅があり、早稲田大学に通う学生でいつも溢れかえっていますが、この高田馬場は英米人に言わせるととても長い単語です。だって母音が6個もありますから（McDonald's の3倍も長い！）。すると、もしあなたが「上野広小路から高田馬場までタクシーに乗った」とか言ったとすると、英米人にとっては目の回るような長さの語句を、あなたは機関銃の連射のようにさらりと言った、信じられなーい、ということになります。「上野広小路」は母音が7つですから。

＊英語と
＊日本語とでは
＊音素の数がちがう

　母音とか子音とかいう音の最小単位を「音素」と呼びます。化学における「元素」みたいなものです。この音素の数が日本語と英語とではちがいます。英語の方が圧倒的に多いのです。少ない音素から成る言語を母国語とする人（たとえば日本人）が、音素の多い言語（たとえば英語）を学ぶときには苦労します。新しい音素をたくさん習得しなければならないからです。習得とは、聞いて判別でき、自分でも発音できる、ということです。

✳ カタカナでは
✳ 英語の音は
✳ 学べない

　ところが現実には多くの日本人は新しい音素をしっかり習得せず、自分が在庫として持っている日本語の音で済まそうとしているのではありませんか？

　なぜそう断定するかというと、私はもう40年近くも大学受験生に英語を教えていますが、「発音記号が読める受験生」をほとんど見かけないからです。日本語の音の体系にない音は、当然日本語の表記の外にあり、カタカナ・ひらがな・ローマ字という日本語の表音文字では書き表すことができません。でも幼児が母国語を習得するときのように、すべて耳だけで学習するというのは大人の学習者には現実的ではないので、語の発音を忘れないようにするためには、聞こえた音を筆記しておく必要があります。つまり、その段階で、日本人にとって発音記号は英語学習の必須のアイテムのはずなのです。ところが、ほとんどの日本人は発音記号を読むことができません。中学でも高校でも、発音記号の読み方を教わったことがあるという生徒はごくまれです。

　これこそが、日本人が英語を学習するときにカタカナ（日本語の音の表記）で英語を学ぼうとする姿勢、すなわち日本語の音で英語の音を学ぼうとする姿勢、を如実に示す証拠だと思います。しかし、繰り返しますが、カタカナでは英語の音は学べないのです。ですから今後は1つ1つの英語の音に対応している発音記号を習得すれば、あなたのリスニング力とスピーキング力はさらに向上すると思います。そして発音記号を理解することは大してむずかしくはありません。

おわりに

　本書では、あなたが今まで英語をうまく聞き取れなかったその原因の中で最大のもの３つ、すなわち、

1 英語の音が隣り合ったときに変化する、その『音変ルール』（英語音の変化ルール）を知らない
2 日本語に存在しない英語音の習得ができていない
3 英語の「リズム感」が身についていない。

のうちで、1 を徹底的に特訓してきました。ここまで読み進んだあなたは、もう十分に『音変18』を習得できたと思います。すでにその圧倒的な効果はあなた自身が実感されていると思います。この『音変18』を最大の武器にして、今後も英語リスニングに励んでいってもらいたいというのが著者の私の願いです。

　それで具体的に今後は何をすべきかですが、私が勧めるのは、上の 3 への対策として、『洋楽 Listening & Singing 作戦』を始めることです。好きな洋楽を、歌詞を眺めながらそのアーティストに合わせて大声で歌うのです。そっくりまねします。何度でも歌います。カラオケに行って「一人カラオケ」もやります。それによってどういう恩恵が得られるかというと、

1 『音変18』に磨きがかかり、さらに強化されます。
2 英語のリズム(長短)とビート(強弱)とピッチ(高低)の感覚が飛躍的に向上して、ネイティヴのしゃべりに近づきます。

　最新の洋楽を１人で毎日楽しんで大声で歌いまくる、これを今日から毎日やることによって、あなたはリスニングはもちろん、自分の発音も飛躍的に伸ばすことができます。そしてあなたの日常生活がより楽しくなります。

　以上、英語教育40年の私からの助言でした。これからもぜひ頑張りを継続していってください。

安武内 ひろし

これだけっ！
英語リスニング『音変18』ルールブック

2021年12月25日　　第1刷発行

著　　　者	安武内 ひろし	
発　行　者	出口 汪	
発　行　所	株式会社　水王舎	
	東京都新宿区西新宿 8-3-32　〒160-0023	
電　　　話	03-6304-0201	
装　　　丁	福田 和雄（FUKUDA DESIGN）	
イラスト	亜希川 ヒロ	
編集協力	石川 享（knot）	
本文印刷	光邦	
カバー印刷	歩プロセス	
製　　　本	ナショナル製本	